Oliver Drewes

ARTEMIA - DER URZEITKREBS

Zeichnung eines Artemia-Pärchens von J. A. Schlosser aus dem Jahre 1756

Mit jedem Mensch, der stirbt,
geht eine komplette Bibliothek verloren.
(Japanisches Sprichwort)

In Gedenken an Hans Dohse,
einen Pionier der *Artemia*-Forschung.

Drewes, Oliver:
ARTEMIA - DER URZEITKREBS / Oliver Drewes
Meckenheim: VIVARIA Verlag 2007
ISBN 978-3-9810412-7-9

Gestaltung: Oliver Drewes
Zeichnungen: Vogelsang Werbegrafik, 53127 Bonn
Lektorat: Wort & Text, 40235 Düsseldorf / 50374 Erftstadt
Herstellung: Oliver Drewes
Printed in Poland

Oliver Drewes
Dürerstr. 23
53340 Meckenheim
www.vivaria-verlag.de

VORWORT

Artemia ist unter verschiedenen Namen bekannt. Die Tiere werden auch als Salinenkrebse, brine shrimps oder Salzkrebschen bezeichnet. Vielen sind sie aus der Kindheit als Urzeitkrebse bekannt, die der Zeitschrift YPS gelegentlich als Gimmick beilagen. Später und noch heute findet man die Krebse in Ausgaben von Micky Maus oder Fix & Foxi.
Urzeitkrebse haben in Millionen von Jahren ihre Gestalt nicht mehr verändert. Versteinerungen, die man neben den Knochen von Dinosauriern gefunden hat, deuten auf ein Alter von mindestens 100 Millionen Jahren hin. Der Mensch trat dagegen erst vor ungefähr 1,5 Millionen Jahren in Erscheinung. Ihre Anpassungsfähigkeit und Überlebensstrategie machen *Artemia* zu einer der interessantesten und widerstandsfähigsten Lebensformen überhaupt. Die Aufzucht und Haltung ist nicht nur für Kinder eine spannende und faszinierende Erfahrung.
Aquarianer schätzen den großen Nährwert von *Artemia* für ihre Fische und deren Farbentwicklung. Es gibt kaum einen Aquarianer, der während des Ausübens seines Hobbys nicht zumindest auf den Begriff *Artemia salina* gestoßen ist. Im Handel angebotene *Artemia* werden allerdings fast ausschließlich aus den salzhaltigen Binnengewässern der USA importiert und heißen richtig *Artemia franciscana*, Amerikanische Salzkrebschen. Der Grund für die Fehlbeschreibung in vielen Beiträgen und auf Produkten ist einfach: Zur Zeit der Erstbeschreibung war nur die eine Art *Artemia salina* bekannt. Obwohl sich später verschiedene Arten voneinander abgrenzen ließen, hat sich der Name *Artemia salina* im allgemeinen Sprachgebrauch eingebürgert. Im vorliegenden Buch werden Salinenkrebschen, sofern es nicht um artspezifische Eigenheiten geht, allgemein als *Artemia* bezeichnet.
Der Bedeutung von *Artemia* für die Aquaristik und der Faszination an diesem urzeitlichen Krebs tut die wissenschaftlich inkorrekte Bezeichnung keinen Abbruch. Ich wünsche Naturliebhabern wie Aquarianern eine spannende Lektüre des vorliegenden Buches und hoffe, dass der eine oder andere Leser noch viele für ihn neue Aspekte über *Artemia* darin entdeckt.

Meckenheim, im Juli 2007
Oliver Drewes

INHALTSVERZEICHNIS

SYSTEMATIK

Stamm: *Arthropoda* (Gliederfüßer)
Unterstamm: *Crustacea* (Krebstiere)
Klasse: *Branchiopoda* (Blattfußkrebse)
Ordnung: *Anostraca* (Kiemenfüßer)
Familie: *Artemiidae*
Gattung: *Artemia*

Der Stamm *Arthropoda* (Gliederfüßer) umfasst die evolutionär gesehen erfolgreichsten Arten. Etwa 80 Prozent aller bekannten lebenden Tierarten sind Gliederfüßer, die meisten davon Insekten.

Der Unterstamm *Crustacea* (Krebse oder Krebstiere) umfasst weltweit beinahe 40.000 Arten. Angehörige dieser großen Gruppe weisen eine extrem große Formenvielfalt auf, was eine Folge der Anpassung an verschiedene Lebensräume und Lebensweisen ist.

Zur Klasse *Branchiopoda* (Blattfußkrebse) zählen typischerweise Süßwasserbewohner, die sich aus marinen Vorfahren entwickelt haben. Einige Arten sind wieder ins Meer zurückgekehrt. Die heute bekannten Süßwasserbewohner haben in Binnensalzseen oder aber in Temporärgewässern überlebt. Ihre Rumpfextremitäten sind ursprünglich zweiästige Blattbeine, die der Klasse ihren Namen gegeben haben. In der Systematik, der Wissenschaft der verwandtschaftlichen Beziehungen der Arten, herrscht noch Uneinigkeit über die Zugehörigkeit unterschiedlicher Ordnungen zu den Blattfußkrebsen.

Die Ordnung der *Anostraca* (Kiemenfüßer) vereint, wie der deutsche Name sagt, zwei wichtige Funktionen in einem Körperteil: Die gefiederten Beinpaare, sogenannten Kiemenfüße, dienen sowohl dem Rudern zur Fortbewegung wie auch der Nahrungsaufnahme. Zudem dienen sie auch dem Gasaustausch zur Sauerstoffversorgung. An den feinen Borsten der Beine bleiben kleinste Nahrungspartikel hängen, die über eine Bauchrinne bis zu der Mundöffnung gespült werden. Der wissenschaftliche Name *Anostraca* bedeutet „schalenlos“. Diese Krebse haben, anders als Tiere verwandter Ordnungen, keinen körperbedeckenden Schild. Sie besitzen auch als einzige gestielte Komplexaugen. Gegenüber jagenden Insektenlarven oder höher entwickelten Fischen sind die schalenlosen Krebse trotz ihres entwicklungsgeschichtlich hohen Alters relativ wehrlos. Überlebt haben sie im Laufe der Evolution durch den Rückzug in und die Anpassung an für Fressfeinde unwirtliche Lebensräume. *Siphonophanes grubei*, aus der Familie *Chirocephalidae*, haben sich zum Beispiel auf schnell versiegende Schmelzgewässer spezialisiert. Während die entwickelten Krebschen bei Versiegen des Wassers im auftauenden Boden nicht überleben können, überdauern ihre hartschaligen Eier sehr lange und schlüpfen, unter Umständen erst nach Jahren, erst bei entsprechend günstigen Bedingungen. Ganz ähnlich verhält es sich mit *Branchipus stagnalis* aus der Familie *Branchipodidae*, den man nur vom Sommer an bis in die Herbstzeit in kurzzeitigen Wasseransammlungen finden kann. Gattungen aus der Familie *Artemiidae* haben sich an salzhaltige Binnengewässer angepasst und so entwickelt, dass ihre Haut für Salz undurchlässig wurde. Das mit der Nahrung aufgenommene Salz wird durch die Anhänge der ersten zehn Beinpaare ausgeschieden, so dass es dem Organismus nicht schaden kann.

Innerhalb der Gattung sind die Unterschiede zwischen den einzelnen *Artemia*-Arten, so z.B. in Bezug auf die Anzahl der Körpersegmente, die Farbgebung, Größe und Alter, minimal. Manche *Artemia*-Arten zeigen nach SCHWARZ & HAYO (1996) bei der Aufzucht in unterschiedlichen Salzkonzentrationen nicht die große Entwicklungsvariabilität wie *Artemia salina*. Letztere zeigen als spontane, das heißt generationsbeschränkte, nicht vererbbare Anpassung an höhere Salzkonzentrationen eine intensivere Rotfärbung, entwickeln weniger Körpersegmente und sind früher geschlechtsreif. Folgegenerationen zeigen in niedrigerer Salzkonzentration wieder das arttypische Erscheinungsbild. Im 18. Jahrhundert hielt man die anatomisch an eine höhere Salzkonzentration angepasste *Artemia salina* sogar für eine eigene Art. Otto ZUR STRASSEN (1918) erwähnt in einer alten Ausgabe von Brehms Tierleben die Veröffentlichung des russischen Forschers SCHMANKEWITSCH (1874). Dieser bestätigte unter Zuchtbedingungen seine Beobachtungen aus der Natur, dass so bezeichnete *Artemia milhauseni*, gekennzeichnet durch sehr kurze Schwanzanhänge, durch Senkung der Salzkonzentration in die Form *Artemia salina* „überführt“ werden konnten.

Nach heutigem Stand werden sieben Arten und eine Unterart anerkannt.

- *Artemia franciscana*, Kellogg 1906
- *Artemia franciscana monica*, Verrill 1869
- *Artemia* parthenogenetische Populationen, Barrigozzi 1974
- *Artemia persimilis*, Piccinelli & Prosdocimi 1968
- *Artemia salina*, Linnaeus 1758
- *Artemia sinica*, Cai 1989
- *Artemia tibetiana*, Abatzopoulus, Zhang & Sorgeloos 1998
- *Artemia urmiana*, Gunther 1890

In älterer Literatur findet man noch die Bezeichnungen *Artemia gracilis*, die sich als *Artemia franciscana*, und *Artemia tunisiana*, die sich als *Artemia salina* herausgestellt hat (Van Stappen, schriftliche Mitteilung). Die Bezeichnung *Artemia parthenogenetica* wird heute ersetzt durch parthenogenetische Populationen, da sich einige Gruppen nicht miteinander kreuzen lassen (Van Stappen, schriftliche Mitteilung).
Artemia nyos ist eine wissenschaftlich nicht anerkannte, künstlich erzeugte, hybride Art. Die Bezeichnung „nyos“ setzt sich aus den Anfangsbuchstaben „New York Ocean Science“ Laboratories zusammen, wo sie gezüchtet und seit Mitte der fünfziger Jahre kommerziell unter dem Warenzeichen Sea Monkeys vor allem in Spielzeugläden vertrieben werden. Wie andere Salinenkrebse lebt *Artemia nyos* im Salzwasser und ernährt sich filtrierend von Algen und Nanoplankton.

VERBREITUNG UND LEBENSRAUM

Artemia-Arten konnten auf allen Kontinenten außer in der Antarktis nachgewiesen werden. Sie leben ausschließlich in salzhaltigem Wasser. Bereits bei jungen Nauplien wird an ihren großen Ruderorganen und Schwebefortsätzen die Anpassung eines Zooplanktonfressers an seinen Lebensraum deutlich. Viele Algenpartikel an den Borsten und Mundwerkzeugen sowie der stets gefüllte Darm verraten, dass *Artemia* Primärkonsumenten und Filtrierer sind. Große *Artemia* zeigen an den Borsten der Antennen, an den Blattbeinen und der Schwanzgabelung bei starker Vergrößerung unter dem Mikroskop zusätzliche feine, seitlich abstehende Chitinhärchen, die Schwimmbewegungen und Nahrungsfiltration noch effektiver machen (VÄTH 1996).

Artemia vertragen zwar den Salzgehalt von Meerwasser und können sich auch experimentell darin halten (VÄTH 1996), sie sind jedoch keine Meeresbewohner. Sie kommen weltweit nur in salzhaltigen Binnengewässern wie Salzseen, Salinen oder auch Solebecken vor.

Salzseen sind Gewässer mit einem überdurchschnittlich hohen Salzgehalt. Sie entstehen entweder durch Speisung aus salzhaltigen Quellen oder sind sogenannte Endseen, also abflusslose Seen, deren Salzgehalt durch eine hohe Verdunstung stark angestiegen ist. Der Salt Lake in den USA ist ein solcher Endsee mit einem Salzgehalt von 25-27 Prozent. Er ist nur bis zu 8 m tief, an den meisten Stellen jedoch noch flacher, und hat niederschlagsabhängig eine Ausdehnung von 4.000 bis 6.000 km². Auf Grund des klimabedingten Wechselspiels zwischen Zufluss und Verdunstung schwankt die Höhe des Seespiegels. Der Salt Lake ist das Überbleibsel des eiszeitlichen Lake Bonneville mit einer ursprünglichen Ausdehnung von etwa 50.000 km².

Salinen sind, einfach erklärt, mehrere flache Becken, in denen man die sogenannte Sole eintrocknen lässt, um so aus dem Wasser von Salzseen oder salzhaltigen Quellen das Salz zu gewinnen.

Artemia behaupten sich dort, wo die Salzkonzentration mindestens über 7 % beträgt und wo sie nicht mehr auf Fressfeinde treffen (DOST 2004). In Libyen gibt es in der Sahara nahe der verlassenen Siedlung Garbaroun einen Salzsee, aus dem *Artemia*-Krebse herausgefischt und zu einer Paste verarbeitet wurden. Bis zu ihrer Umsiedlung im Zuge der libyschen Wohlfahrt haben die Einwohner die Krebse als Beilage zu Brot und Fleisch verzehrt. *Artemia* wurde dort als „Dud“, als Wurm, bezeichnet, und der Stamm nannte sich selbst „Douadas“, was „Wurmfresser“ bedeutet (Albrecht & Hoffmann 1997). Persoone und Sorgeloos listeten 1980 etwa 250 nachgewiesene Standorte von *Artemia*-Populationen in 48 Ländern auf. Vanhaecke et al. beschrieben 1987 etwa 350 Standorte. Triantaphyllidis et al. trugen aus ihren Recherchen 1998 über 500 Standorte zusammen. Van Stappen aktualisierte 2002 diese Liste in seiner Arbeit; die dort abgebildete Tabelle 2 enthält jedoch keine Koordinatenangaben zur Zeichnung einer umfassenden, weltweiten Verbreitungskarte. Neue Fundorte, als Alternative zu den abnehmenden Beständen der bekannten Fanggebiete, werden sehr diskret behandelt. Da sie noch keinen Eingang in die wissenschaftliche Literatur finden konnten (Van Stappen 2002), dürfte die Liste der *Artemia*-Standorte weit mehr als nur 500 betragen. Andererseits wird der Einfluss des Menschen und des Klimas auch zum Verschwinden einiger Standorte beitragen (Van Stappen 2002).

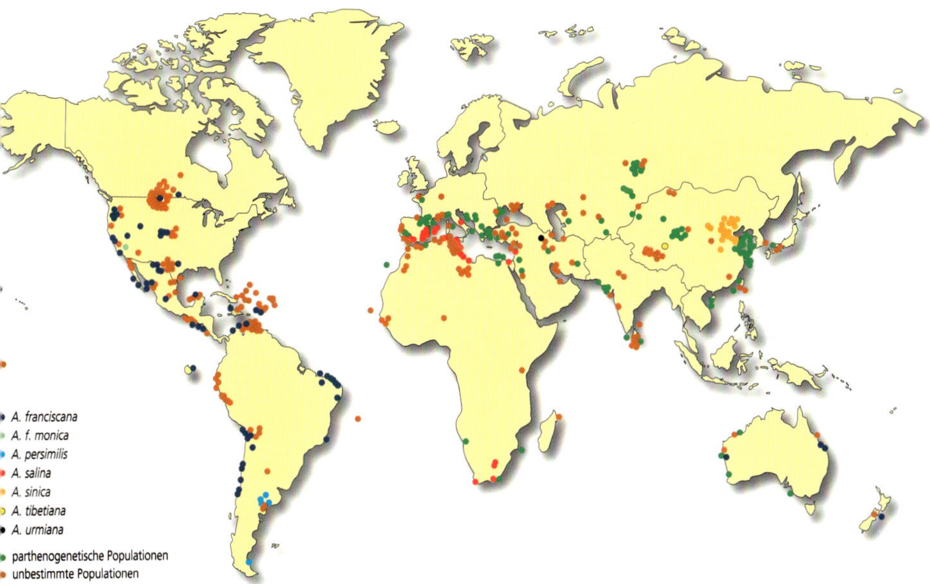

uswertungen aus wissenschaftlichen Publikationen, Reiseberichten und glaubhaften Mitteilungen ergeben ut Van Stappen (2002) nur ein unvollständiges Verbreitungsbild. Abb. verändert nach Van Stappen (2002).

VERHALTEN

In der Regel schwimmen *Artemia* auf dem Rücken, man bezeichnet dies als negativen Lichtrückenreflex. Sie bewegen sich ständig, ohne schlafen zu müssen. Es gibt nur kurze Ruhephasen, in denen sie etwas langsamer schwimmen. Damit sie nicht verhungern oder ersticken, fächern sie sich permanent Wasser und Spurenelemente zu. Zur Nahrungsaufnahme bewegen sich *Artemia* auch in Bauchlage über den Gefäßboden, wo sie mit dem Ruderschlag ihrer Beine oder einer kurzen Schlagbewegung ihres Hinterleibs für Verwirbelungen sorgen. Mit Hilfe der Beine werden Algen und Schwebeteilchen entlang der Bauchrinne in Richtung Mund geschwemmt und aufgenommen. Die wellenförmigen Schwingbewegungen der Beine versorgen die Tiere zudem mit frischem, sauerstoffreichem Wasser. Die von ZUR STRASSEN (1918) beschriebenen „lebhaften, übermütig erscheinenden Bewegungen in alle Richtungen“ dienen allesamt allein der Nahrungsaufnahme und Fortpflanzung. Die amerikanische Werbung des Zubehörvertriebs für Sea Monkeys gaukelt den Käufern nur allzu gern einen Spieltrieb der Krebse vor. Hierzu macht man sich einen Reflex der Tiere zunutze: Instinktiv greifen sie nämlich nach allem, was ihrer Größe entspricht, und tragen es dann eine Zeit lang mit sich herum. Unter der Bezeichnung „Sea Diamonds“ werden daher kleine transparente Plastikstücke überteuert vermarktet. Ins Wasser gegeben schwimmen diese je nach Wassertemperatur und Salzkonzentration oben oder unten im Becken, bis sie schließlich von vorbeischwimmenden Krebsen mitgeschleppt werden. Dasselbe Verhalten lässt sich aber auch beobachten, wenn *Artemia* kleine Algenbüschel kreuz und quer durchs Becken tragen. Ziehen die Tiere hingegen Fäden hinter sich her, handelt es sich dabei lediglich um Kot. Viel Zeit verbringen Salzkrebschen auch damit, den Bodensatz zu durchwühlen und auf der Suche nach Fressbarem so viel davon mit sich zu nehmen, wie sie tragen können. Beim Wirbeln von Nahrungspartikeln zur Mundöffnung werden kleinere Individuen manchmal scheinbar rücksichtslos umhergeschleudert. Man fragt sich, ob Salzkrebschen ihre Umwelt und ihre Artgenossen überhaupt bewusst wahrnehmen. Beim Umherschwimmen treffen sie mehrmals in der Minute auf Artgenossen und stoßen blitzschnell in eine andere Richtung. Manchmal verharren *Artemia* minutenlang darin, mit dem Kopf gegen die Wand zu schwimmen. Selbst auf direkt ins Wasser gehaltene Gegenstände reagieren sie nicht so, dass man ihr Verhalten als Flucht oder Neugier interpretieren könnte. Mangelhaftes Sehvermögen kann dafür ebenso in Betracht kommen wie lediglich auf einfachste Reaktionen beschränkte Verhaltensweisen.

TIPP: Schwimmen transparente „Flocken“ im Wasser, handelt es sich dabei meist nicht um Staub oder einen Pilz, sondern um abgestoßene Haut. Wie alle Krebse häuten sich *Artemia* in regelmäßigen Abständen.

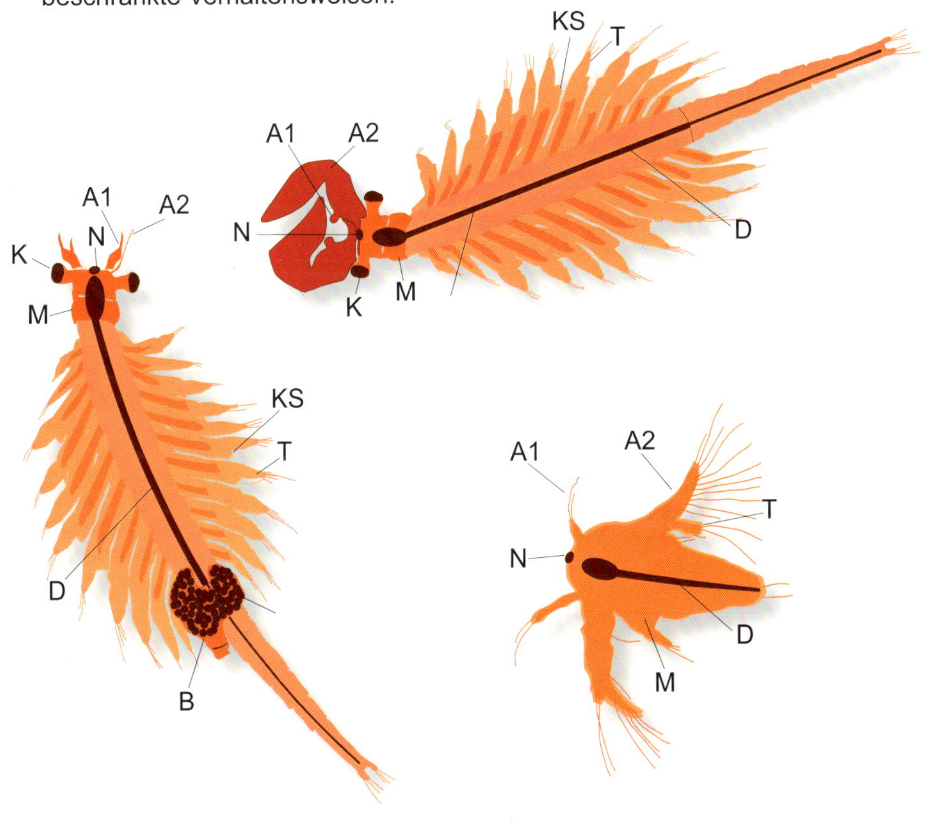

A1 = 1. Antennenpaar, A2 = 2. Antennenpaar, K = Komplexauge, N = Naupliusauge, M = Mandibel, D = Darm, B = Brutsack, O = Ovarien mit Eiern, KS = Kiemensäckchen, T = Thoracopoden.

LEBENSZYKLUS

Beschreibung

Ausgewachsene *Artemia* sind etwa 15 mm groß. Die älteste bekannte wissenschaftliche Beschreibung erfolgte durch SCHLOSSER, KUENEN & BECKING 1755. Schon damals wurde die Zahl der elf winzigen Beinpaare korrekt angegeben. Der Körper erwachsener Salinenkrebse ist in drei Abschnitte untergliedert: Kopf, Thorax (Brust) und Abdomen (Hinterleib). Am Kopf befinden sich zwei Paar Antennen, anhand derer man unter anderem auch die Geschlechter unterscheiden kann, drei Lichtsinnesorgane in Form von zwei Komplexaugen und einem Naupliusauge sowie die Mundwerkzeuge. Der Thorax besitzt elf gleiche Segmente mit jeweils einem Beinpaar. Die Beine weisen ein Gelenk und eine blattförmige Ausprägung auf, daher leitet sich auch der Name Blattfüßer ab. Die Innenseiten der Beine sind mit Borsten bewachsen. Hinter den Beinpaaren finden sich die Fortpflanzungsorgane. Am hinteren Teil des Körpers befinden sich keine Beine. Das Abdomen der *Artemia* endet mit einer borstenbesetzten Schwanzgabelung.

TIPP: Da sich Nauplien und Artemien schnell im Wasser bewegen, ist das Erkennen anatomischer Details sehr schwierig. Man kann ihre Bewegung aber verlangsamen oder zum Stillstand bringen. Dazu gibt man in die Flüssigkeit, in der ein Tier zur Beobachtung separiert wurde, tropfenweise Eiklar, die zähflüssige Substanz, die den gelben Eidotter umgibt. Unter der Lupe oder noch besser einem Mikroskop kann man das Tier nun in Ruhe betrachten.

Artemien können unterschiedlich stark gefärbt sein, woraus man aber nicht auf die Qualität und auf ihren Wert als Fischfutter schließen darf. Warum sind nun manche Artemien kräftig rot und andere bräunlich? Gewässer mit hohen Salzkonzentrationen ab 12 % haben eine geringere Sauerstoffkonzentration. Die dort lebenden Artemien produzieren ab dieser Konzentration mehr Blutfarbstoff Hämoglobin, das für den Sauerstofftransport wichtig ist und die geringere Konzentration des Sauerstoffs im salzigen Wasser ausgleicht (DOHSE 1970). Dies ist ein Faktor, der den Artemien ihre rötliche Färbung verleiht. Des weiteren können in diesen Gewässern nur wenige Algen überleben. So werden hauptsächlich Algen der Gattung *Duna-*

Ausgewachsene männliche Exemplare erkennt man auch mit bloßem Auge an dem zu Greiforganen ausgebildeten zweiten Antennenpaar, mit dem sie sich an den Weibchen festklammern.

Geschlechtsreife Weibchen sind deutlich an ihrem Brutsack zu erkennen, das zweite Antennenpaar hingegen ist kaum ausgebildet.

liella, die hohe Beta-Carotin-Werte aufweisen, von den dort lebenden Artemien gefressen, was ebenfalls zu einer stärkeren Rotfärbung führt. Rote Artemien sind aber dadurch nicht etwa das bessere Lebendfutter. Artemien, die sich von *Dunaliella*-Algen ernähren, haben ein Defizit an Kohlehydraten und Fettsäuren. In Gewässern mit niedriger Salzkonzentration ernähren sich Artemien von anderen Algen und sind reicher an Kohlehydraten und Fettsäuren, was einen höheren Nährwert für Zierfische bedeutet. Durch Farbpigmente der Algen, wie Fucoxanthin, Phycocyarin, Phycoerythrin und Xanthophyll, haben diese Artemien eine bräunliche Färbung. Fazit ist also, dass die rote Farbe der *Artemia*-Salzkrebschen nicht ausschlaggebend für den Nährwert der Fische ist. *Artemia* aus salzhaltigeren Gewässern mit roter Färbung werden aber dennoch bevorzugt, weil die in ihnen enthaltenen Beta-Carotine die roten Farbtöne der Fische intensivieren.

Geschlechts-unterscheidung

Die Geschlechter lassen sich bei adulten *Artemia* gut voneinander unterscheiden. In der nauplialen Phase ist das noch nicht möglich, das Aussehen ändert sich erst in der Juvenilphase geschlechtsspezifisch (Väth 1996). Bei erwachsenen Männchen ist das zweite Antennenpaar mit einem Gelenk ausgestattet und so zu einem bizarr wirkenden, zangenförmigen Greiforgan ausgebildet. Bei Weibchen ist es hingegen kaum ausgeprägt. Während des Schwimmens klappt das Männchen seine Klammerorgane bauchwärts ein. Männliche *Artemia* weisen zwei paarig angeordnete, ausstülpbare Penisanlagen auf. Geschlechtsreife Weibchen bilden hinter ihren Ruderbeinen einen größeren Brutsack, in dem die reifen Eier zur Sauerstoffversorgung mit eigens dafür vorgesehenen Muskeln rhythmisch hin- und herbewegt werden. Die anatomische Unterscheidbarkeit von Männchen und Weibchen bezeichnet man als Sexualdimorphismus.

Fortpflanzung

Bei der Paarung schwimmen die Männchen unter die Weibchen und halten sich mit Hilfe ihrer kräftigen Antennen in Höhe ihres Brutsackes fest. Anschließend wird der Körper des Weibchens so umgebogen, dass das Männchen den Teil des paarigen Penis, welcher der Geschlechtsöffnung des Weibchens am nächsten liegt, einführen kann. Manchmal schwimmen die Paare mehrere Stunden so zusammen durch das Wasser, bevor sie sich durch einen schnellen Schlag des Hinterleibes wieder voneinander trennen. Reinhold Benesch (1969), der sich in den sechziger Jahren intensiv mit der Entwicklung von *Artemia* beschäftigt hat, beschreibt, dass die Weibchen unter Zuchtbedingungen erst zwei Mal Subitaneier erzeugt haben, bevor nach der dritten Paarung Dauereier gelegt wurden. Subitaneier sind dünnschalige, dotterarme Eier, die nicht abgelegt werden und der schnellen Verbreitung der Art dienen. Die Jungen schlüpfen dabei direkt im Brutsack und kommen nach ca. 4 Tagen lebend auf die Welt. Man bezeichnet dies als Viviparie. Unter normalen Bedingungen bleiben *Artemia* lebendgebärende Tiere. In Stresssituationen entwickeln sich Embryos im Brutsack nur bis zum sogenannten Gastrulastadium, in dem sie aus etwa 4.000 Zellen bestehen, während sich um ihre Eihaut eine dicke, chitinhaltige Schale bildet. Solche Situationen kommen in der Natur vor, z.B. durch eine Erhöhung des Salzgehaltes bei erhöhter Wasserverdunstung oder gar Austrocknung. Die Dauereier – eigentlich Zysten, da ja bereits ein mehrzelliges Stadium vorliegt – setzen ihre Entwicklung fort, wenn durch Regenfälle wieder ein Salzwasser geschaffen ist, mit dem ein neuer Zyklus beginnen kann. Man bezeichnet diese Fähigkeit niederer Tiere und Pflanzen, unter ungünstigen Umweltbedingungen in scheinbar leblosem Zustand zu überdauern und so den Fortbestand der Art zu sichern, als Anabiose. Erst vor wenigen Jahren haben Wissenschaftler mit modernen Apparaturen einen minimalen Stoffwechsel in den Dauereiern nachweisen können (Dost 2004), wodurch ein völliges Einstellen aller Stoffwechselaktivitäten, wie zuvor vermutet wurde, widerlegt werden konnte. Ausgewachsene *Artemia*-Weibchen können alle vier Tage bis zu 300 Nauplien oder Dauereier absetzen (Janssen 1995 / Dost 2004). *Artemia*-Eier sind auch nach der Erhöhung der Temperatur auf +100°C (Hinton 1954) sowie durch das plötzliche Absenken auf -273°C (Skoultchi & Morowitz

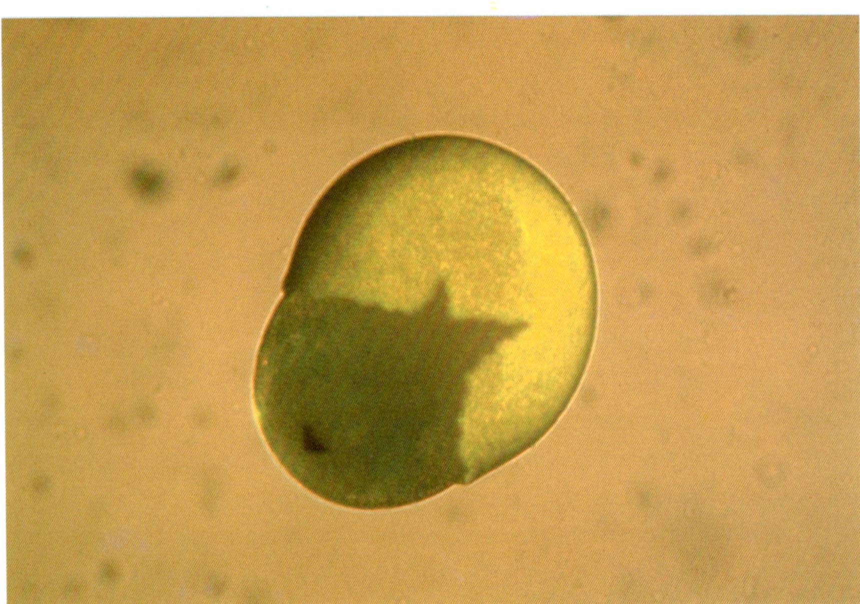

Die in der Salzlösung aufgequollenen Eier zeigen Risse, die Eihülle platzt auf, und der Embryo schlüpft mit dem Kopf voran aus der Eihülle.

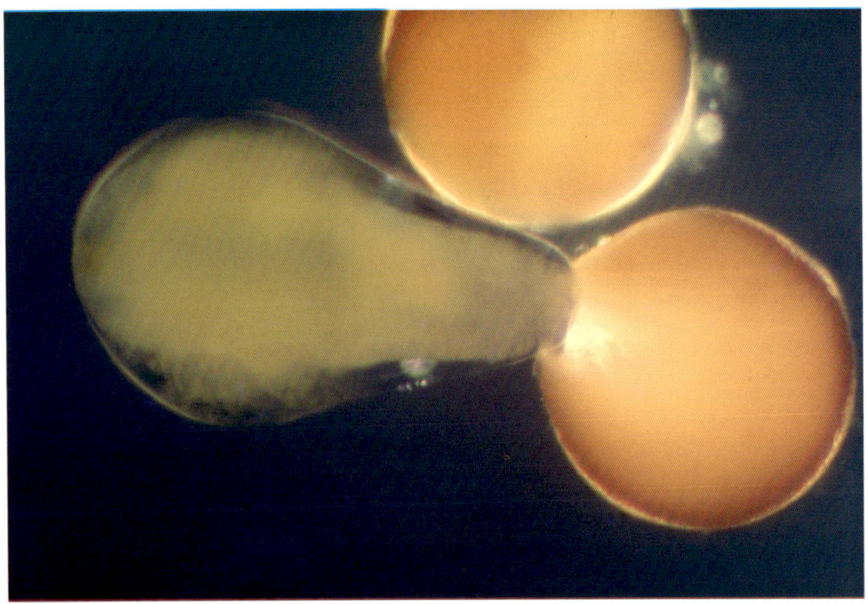

Die Nauplie schwimmt nicht immer gleich frei, sondern hängt manchmal noch für eine Weile an der Eihülle fest. Man bezeichnet dies als Schirmstadium

1964) noch lebensfähig. Nach Janssen (1995) wurden im Labor von Professor Sorgeloos in Gent bei Ausgrabungen gefundene, 1.400 Jahre alte Zysten untersucht, die noch lebensfähig waren. Nach Van Stappen (schriftliche Mitteilung) konnte aber letztendlich eine Kontaminierung mit jüngeren Eiern nicht ausgeschlossen werden, was die Aussage zur Überlebensfähigkeit sehr fraglich macht. Auf der anderen Seite fanden sich in etwa 27.000 Jahre alten Zysten aus dem Bodensediment des Great Salt Lake stellenweise intakte Zellstrukturen, was die bemerkenswerte Langlebigkeit ruhender Zysten belegt (Van Stappen, schriftliche Mitteilung).

Eine weitere Besonderheit ist bei bestimmten Populationen die Fortpflanzung durch die Parthenogenese (griechisch: Jungfernzeugung), das heißt, dass die Nachkommen aus unbefruchteten Eizellen der Weibchen hervorgehen. Dieser Reproduktionstyp ist genetisch veranlagt, da er in Laborversuchen trotz der Anwesenheit von Männchen beibehalten wurde (Van Stappen, schriftliche Mitteilung).

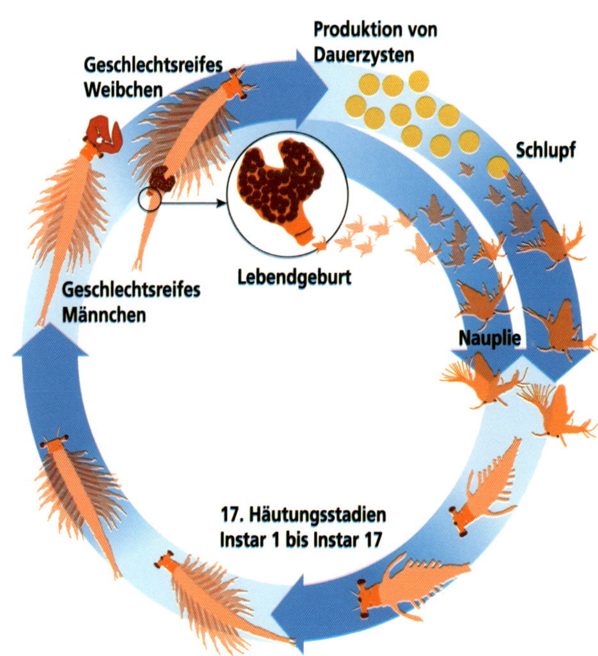

Je nach Umweltbedingungen setzt sich der *Artemia*-Zyklus über Dauereier oder Lebendgeburt fort. Abb. verändert nach J. Chaulk (n.n.).

Nach kurzer Zeit erweicht die Hülle, und die Nauplie befreit sich mit kräftigen Schwimmbewegungen ihrer Extremitäten von ihr.

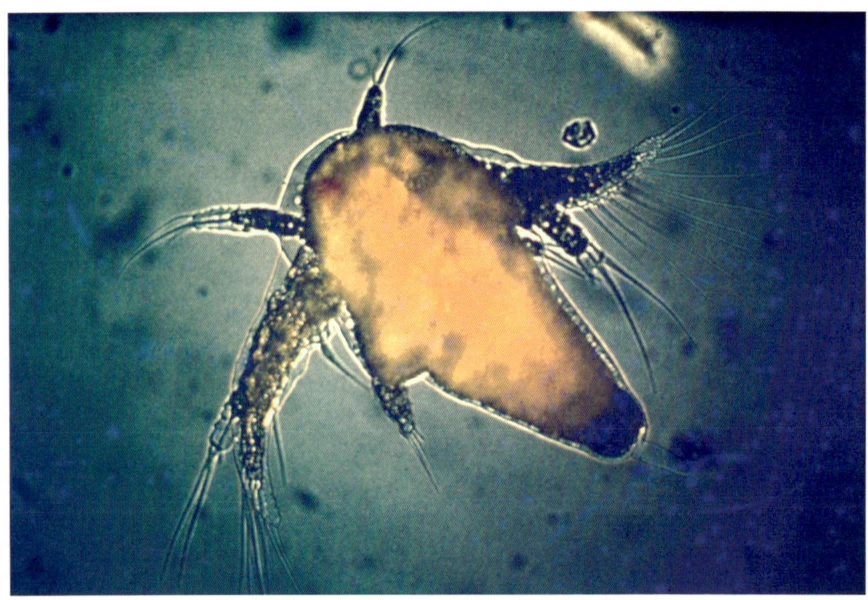

Der Nauplius hat während des ersten Larvenstadiums, das man als Instar 1 bezeichnet, einen Durchmesser von 400 bis 500 Mikrometern und eine nahezu ovale Form.

Schlupf

Die Eier, aus denen die *Artemia*-Larven, die sog. Nauplien, schlüpfen, sind etwa 0,2 mm groß. Die Eier benötigen zur Entwicklung eine jodfreie Kochsalzlösung. Zum Schlupf der *Artemia*-Eier genügt bereits eine Salzkonzentration von 1 %, wobei eine Salzkonzentration von 3,5 % am günstigsten ist (DOHSE 1972b). Nach Professor SORGELOOS von der Universität Gent, zitiert in JANSSEN (1995), wird die höchste Schlupfrate ebenfalls bei einer 3,5 %-igen Salzlösung angegeben, wobei als weitere Parameter eine konstante und ausreichende Beleuchtung, eine Wassertemperatur von 25°C, ein pH-Wert zwischen 8 und 8,5 sowie eine 48-stündige Inkubation angegeben werden. Eine 3,5 %-ige Salzkonzentration kann erreicht werden, wenn man einem Liter Wasser etwa sieben schwach gehäufte Teelöffel Salz hinzugibt. Diese Konzentration liegt weit unter dem eingangs beschriebenen Salzgehalt des Heimatgewässers. Allerdings werden zum Beispiel im Salt Lake im September und Oktober gelegte Dauereier vom Wind zumeist an die Südwestküste getrieben. Dort ist die Salzkonzentration an den Uferregionen durch Zuflüsse aus Schneeschmelze und Regen im Februar stark reduziert. Zu diesem Zeitpunkt beginnt der Schlupf aus den Eiern, die nach sengender Hitze im Herbst, Schnee und Eis der Wintermonate überdauert haben. Es ist also bei der künstlichen Aufzucht der Eier ganz natürlich, mit einer schwachen Salzkonzentration zu beginnen, die später erhöht werden kann (DOHSE 1970). Sehr zu empfehlen ist Seesalz, die besten Aufzuchtergebnisse erhält man jedoch bei Verwendung eines speziellen *Artemia*-Salzes. Dieses enthält Plankton und Spurenelemente, wie sie dem Heimatgewässer der *Artemia* entsprechen. Empfehlenswert ist auch Artemix, eine fertige Mischung aus *Artemia*-Eiern und Salz, in der das richtige Verhältnis von Eiern und artgerechtem Salz vorgemischt wurde.

Der Schlupfvorgang von *Artemia*-Salzkrebschen erfolgt in zwei Phasen (DOHSE 1972a). Die in der Salzlösung aufgequollenen Eier zeigen Risse, die Eihülle platzt auf, und der Embryo schlüpft mit dem Kopf voran aus der Eihülle. In der Entwicklung vor dem Schlupf reichert der Nauplius im Inneren zunehmend Glycerin und Glycerinstoffderivate an. Wenn der innere, osmotische Druck höher als der des umgebenden Salzwassers ist, wird die harte Zystenschale aufgesprengt (VÄTH 1996). Nach dem Schlupf ist der Nauplius oft noch mit einer Art transparenter Membran bzw. einem Säckchen umgeben. Er schwimmt nicht immer gleich frei, sondern hängt manchmal noch für eine Weile an der Eihülle fest. Man bezeichnet dies als Schirmstadium (JANSSEN 1995). Nach kurzer Zeit erweicht die Hülle, und die Nauplie befreit sich mit kräftigen Schwimmbewegungen ihrer Extremitäten von ihr. Die geschlüpften Nauplien, die noch mit einem Dottersack versehen sind, schwimmen in der Natur mit ruckartigen raschen Schlägen der zweiten Antennen schnell in salzhaltigere Regionen des Sees, wo sie entsprechendes Futter finden (DOHSE 1970).

Der Nauplius hat während des ersten Larvenstadiums, das man als Instar 1 bezeichnet, einen Durchmesser von 400 bis 500 Mikrometern und eine nahezu ovale Form. Er ernährt sich in diesem Stadium ausschließlich von seinem Dottersack. Durch die darin eingelagerten Stoffe ist sein Körper nahezu undurchsichtig. Von den drei Antennenpaaren dient das erste der Wahrnehmung, das zweite der Fortbewegung und dem Heranstrudeln der Nahrung, das dritte der Nahrungsaufnahme selbst. Zwischen den beiden vorderen Antennen befindet sich der sogenannte Augenfleck. Dieses einfache Stirnauge, bestehend aus drei Einzelocellen, hilft den Nauplien, Unterschiede zwischen hell und dunkel wahrzunehmen, bis sich ihre komplexen Augen entwickelt haben.

Nach der Häutung, im zweiten Larvenstadium, dem Instar 2, beginnt die erste Nahrungsaufnahme von Futterpartikeln, deren Größe zwischen 1 und 40 Mikrometern liegt. Der Körper ist nun durchscheinend, und man kann die Funktion innerer Organe gut beobachten. Bei jeder Häutung kann man die Zunahme von Körperringen und Beinen feststellen. Die Körperform streckt sich, und es entstehen Kopf, Brust und Abdomen. Ab dem zehnten Larvenstadium, dem Instar 10, werden beim Männchen die vorderen Antennenpaare zu Scheren umgeformt, mit denen es sich später bei der Paarung an den Weibchen festklammert (JANSSEN 1995). Nach 18 Häutungen (HENTSCHEL 1968) in acht Tagen (JANSSEN 1995) sind die Tiere geschlechtsreif. Während der postmetanauplialen Phase wölben sich die Augen halbkugelförmig vor, und es erfolgen Wachstum und Streckung der Augenstiele. Bei erwachsenen Tieren bestehen die seitlich am Kopf befindlichen Komplexaugen aus hunderten Einzelaugen (VÄTH 1996). Nach Ausbildung aller Beinpaare, die sich metachron, das heißt phasenverschoben, bewegen, schwimmen die *Artemia* ruhig und gleichmäßig und nicht mehr in ruckartigen Bewegungen, die sie zeigen, wenn sie ihre Antennen zu Hilfe nehmen (VÄTH 1996).

Entwicklung und Fütterung der Nauplien

Wachstum und Größe von *Artemia* werden vom Salzgehalt und von der Wassertemperatur beeinflusst. Bei hohem Salzgehalt entwickeln sich die Tiere schneller, erreichen früher die Geschlechtsreife, bleiben aber kleiner. In ihrer natürlichen Umwelt resultiert das Steigen der Salzkonzentration aus hoher Verdunstung und weist auf das Ende der Fortpflanzungssaison hin. Zum Sichern des Fortbestands der Art durch Ablage von Dauereiern bleibt nicht mehr viel Zeit. Bei hoher Wassertemperatur sind die Häutungsintervalle kürzer, die Tiere wachsen schneller. Bei 27-28°C Wassertemperatur benötigen sie 12 bis 14 Tage bis zur Geschlechtsreife. Bei normaler Zimmertemperatur von 20°C dauert es, regelmäßiges Füttern vorausgesetzt, etwa eineinhalbmal so lange. Bevor HANS DOHSE nach vielen Fehlschlägen und Schwierigkeiten in der Entwicklung der Aquaristik mit Liquizell und Mikrozell industriell gefertigtes Futter zur Verfügung stellen konnte, ist die Fütterung der *Artemia* immer das größte Problem gewesen. Die Teilchengröße des Futters darf nur einige Tausendstel Millimeter betragen. Im Wasser schwebende Nahrungspartikel werden durch die Bewegung der 11 Paar Ruderfüßchen laufend aus dem Wasser eingesaugt und beim Ausstoßen filtriert. Dazu dienen hintereinanderliegende Saugkammern, die jeweils durch ein Beinpaar getrennt sind. Zwischen der linken und der rechten Beinreihe liegt ein Fangraum mit einer bauchseitigen, medianen Längsrinne. Das sich im Fangraum ansammelnde Filtrat gelangt in die Bauchrinne, die eine zum Mund führende Wasserströmung aufweist. Über dem vorderen Abschnitt der Bauchrinne befindet sich eine nach hinten gebogene Oberlippe, in deren Schleimabsonderung sich Nahrungspartikel verfangen. Die Tätigkeit der Mundwerkzeuge verursacht den Transport des Rinneninhalts zum Mund, wo die Kauflächen der Mandibeln die eingeschleimte Nahrung zerquetschen. Die in den Darmkanal gelangte Nahrung ist bei gut im Futter stehenden *Artemia* deutlich als dunkler Strich zu erkennen (DOHSE 1970).

Grundsätzlich sollte nie mehr gefüttert werden, als innerhalb der nächsten fünf bis sechs Stunden verzehrt werden kann. Beachtet man dies nicht, sterben *Artemia*-Larven, weil das Wasser auf Grund zu hoher Futtermenge schnell verdirbt. Als Futter gibt es im Zoofachhandel die bereits erwähnten Präparate Liquizell für Nauplien und Mikrozell für größere Tiere. Liquizell ist ein flüssiges Alleinstartfutter für Nauplien aus extra zerkleinertem Phytoplankton. Es kann ein bis zwei Tage nach dem Schlüpfen gegeben werden, denn bei den Jungtieren sind die Kauwerkzeuge, die sogenannten Mandibeln, noch dermaßen unterentwickelt, dass eine Nahrungsaufnahme kaum möglich ist. Liquizell enthält durch ein Spezialverfahren zu allerfeinsten Teilchen zerkleinertes Phytoplankton, das so von winzigen *Artemia*-Nauplien aufgenommen werden kann. Mikrozell ist ab dem 8.-10. Tag geeignet. Die Umstellung ist problemlos, da Mikrozell in Form von größeren Futterpartikeln die gleichen Substanzen enthält wie Liquizell. Es kann den *Artemia* über ihre gesamte Lebenszeit als dauerhaftes, vollwertiges Aufzuchtfutter gegeben werden. Für beide Präparate gilt: Eine ausreichende Futtermenge ist dann erreicht, wenn sich das Wasser gerade eben trübt. Erneut gefüttert werden sollte erst, wenn das Wasser wieder glasklar geworden ist.

TIPP: Mikrozell lässt sich gut mit einem Zahnstocher dosieren. Für die sparsame Fütterung bietet dieser die ideale Oberfläche für den Transport des Pulvers.

AUFZUCHTSYSTEME

Die Einmachglasmethode

Die einfachste Methode, *Artemia* aufzuziehen, älteren Lesern vielleicht noch aus den YPS-Heften mit Urzeitkrebs-Gimmick bekannt, ist, *Artemia*-Eier und Salz in einem Einmachglas oder in einem ähnlich großen Gefäß in Wasser einzurühren. Es eignen sich Gefäße aus Glas, Kunststoff oder Emaille, nur Metall ist wegen der Oxidation im Salzwasser schädlich für *Artemia*. Je größer die Wasseroberfläche des Gefäßes ist, desto besser, denn die Tiere brauchen viel Sauerstoff. Verbessern lässt sich das Zuchtergebnis bei Verwendung einer schwachen Aquarienluftpumpe und eines grobperligen Ausströmers. In das saubere Gefäß, das frei von Spülmittelrückständen sein muss, werden auf einen halben Liter abgekochtes, abgestandenes Wasser mit einer Temperatur von 20-22°C etwa drei schwach gehäufte Teelöffel jodfreies Salz oder *Artemia*-Salz sowie eine Messerspitze Eier gegeben.

An einem hellen Standort, allerdings nicht der prallen Sonne ausgesetzt, schlüpfen die Nauplien nach 1 bis 2 Tagen. Ohne Luftpumpe muss das Wasser mehrmals am Tag umgerührt werden, um die feinen Futteralgen in der Schwebe zu halten. Denn selbst kleinste Teilchen sinken durch ihr Eigengewicht mit der Zeit zu Boden. Den Wasserstand markiert man mit einem Klebestreifen oder mit einem permanenten Folienschreiber; verdunstetes Wasser füllt man mit abgekochtem, abgestandenem Leitungswasser auf. Alle drei bis vier Tage wird eine Prise Algenfutter hinzugegeben. Ist das Biotop im Gleichgewicht, ist kein Wasserwechsel notwendig. Es reicht, alle sechs Monate den groben Schmutz durch einen Kaffeefilter auszusieben. Bei zu starker Fütterung wird das Wasser trübe oder beginnt unangenehm zu riechen. Dann ist ein kompletter Wasserwechsel notwendig, damit die *Artemia* nicht sterben. Dazu setzt man wie beim ersten Mal eine Salzlösung an und lässt die Lösung zwei bis drei Tage stehen. Anschließend fängt man die *Artemia*-Krebschen mit einem kleinen Kescher oder einem feinen Sieb und setzt sie in das neue Gefäß um. Mit 1-1,5 cm Größe sind die Krebschen ausgewachsen. Für Kinder ist diese Art der Aufzucht ein Erlebnis; zur Zucht von *Artemia* als Fischfutter in größerer Menge ist die Methode jedoch weniger gut geeignet.

TIPP: Das Gefäß vor Staub schützen. An feinen Staubfäden verheddern sich leicht junge Nauplien und altersschwache Artemien. Zur Sauerstoffversorgung eine Ecke unbedeckt lassen.

Die Aufzuchtschale

Will man die Nauplien nicht beobachten, sondern als Fischfutter heranziehen, ist die Aufzuchtschale die leichteste Art, *Artemia*-Eier zum Schlupf zu bringen. Zunächst werden drei schwach gehäufte Teelöffel jodfreies Salz oder *Artemia*-Salz in einem halben Liter Leitungswasser aufgelöst und in den Unterteil der Aufzuchtschale gegossen. Danach wird die Schale bis zu dem als „water level" markierten Rand mit Leitungswasser aufgefüllt. Die weiße Trennscheibe wird in der Mitte eingesetzt, das Sieb in die vorgesehene Öffnung im Zentrum. Im äußeren Kreis verteilt man mit dem beiliegenden Dosierlöffel je nach Bedarf 1 bis 3 Maßeinheiten *Artemia*-Eier. Die Schale wird verschlossen, und der Deckel wird auf die Position „geschlossen" gestellt, um eventuelle Lichteinflüsse von außen zu vermeiden. Bei normaler Raumtemperatur schlüpfen die *Artemia* nun nach ca. 36 bis 48 Stunden. Vom Licht angelockt sammeln sich die geschlüpften Nauplien in dem Sieb in der Mitte, aus dem sie zur Verfütterung bequem entnommen werden können. Durch diese Methode erhält man ausreichend Nauplien, um die Jungfischbrut drei bis vier Tage mit lebendem Futter zu versorgen.

Die Aufzuchtschale ist beliebt, da man weder Geräusche von Luftpumpen noch das Blubbern von Wasser hört.

Das Kulturgerät

Eine ergiebigere Menge frischer Nauplien erhält der Aquarianer durch die Verwendung des sogenannten Kulturgerätes in Kombination mit einer transparenten Flasche sowie einer Aquarienluftpumpe. Eine Flasche erweist sich gegenüber einem offenen Gefäß als günstiger, da ein Verdunsten des Wassers und ein Verspritzen des Salzwassers verhindert werden. Sind in der Flasche 35 Gramm jodfreies Salz oder *Artemia*-Salz pro Liter gelöst, gibt man eine Messerspitze *Artemia*-Eier hinzu. Eine Überdosierung ist zu vermeiden, denn schließlich enthält ein Gramm über 200.000 *Artemia*-Eier. Nach Professor Sorgeloos der Universität Gent, zitiert bei Janssen (1995), sollten pro Liter Wasser maximal 5 Gramm Eier angesetzt werden. Das Kulturgerät, bestehend aus einem durchbohrten Plastikstopfen, passt auf handelsübliche Glasflaschen. In den Stopfen münden zwei dünne Rohre: eine Luftzuleitung und eine Ableitung. Die Luftzuleitung kann mit einem dem Set beiliegenden Schlauchstück und einem zusätzlichen Rohr verlängert werden. Sie sollte bis fast zum Flaschenboden reichen. Die Ableitung darf nicht bis in die Flüssigkeit eintauchen. Die Luftzuleitung wird mit einem Schlauch an der Aquarienluftpumpe angeschlossen, und die Pumpe wird mit einer Stellschraube, einer Klemme oder einem Lufthähnchen so eingestellt, dass eine schwache Durchlüftung in der Flasche die Eier verwirbelt. Alle Eier müssen sich in Verwirbelung befinden und dürfen sich nicht am flachen Flaschenboden sammeln, da sie sonst ersticken würden (Dohse 1972a). Das Schrägstellen der Flasche ist hier von Bedeutung, in der Praxis aber gar nicht so einfach und eine Quelle ständigen Ärgers. Nach 24 bis 48 Stunden sind die meisten Nauplien geschlüpft, was man auch an der rötlichen Färbung des Wassers erkennen kann. Nun wird die Luftzufuhr abgestellt, und die geschlüpften Nauplien setzen sich am tiefsten Punkt des Flaschenbodens der schräg gestellten Flasche ab. Die Nauplien werden nach etwa fünf Minuten entnommen – länger sollte man angesichts der drohenden Erstickungsgefahr nicht warten. Dazu gibt es eine einfache Methode: Das kurze Rohrende, das in der Flasche nicht in die Flüssigkeit reicht, wird nun mit dem Schlauch der Aquarienpumpe verbunden. Unter das Ende des langen Luftschlauches wird ein Gefäß mit einem darauf liegenden, feinen

Sieb aufgestellt. Sobald die Pumpe eingeschaltet wird, drückt die einströmende Luft die Flüssigkeit mit den in ihr enthaltenen geschlüpften Nauplien vom Boden der Flasche heraus. Die im Sieb gefangenen Nauplien können nach dem Abspülen mit Leitungswasser ins Aquarium gegeben werden. Da sie im Süßwasser nur wenige Stunden überleben, sollten nur so viele hinzugegeben werden, wie die Fische in kurzer Zeit fressen. Nicht sofort verfütterte Nauplien kann der Aquarianer bei größerer Menge in einem relativ kleinen Gefäß bei Raumtemperatur nur zwei bis drei Tage am Leben halten; im Kühlschrank halten die Tiere in gleicher Anzahl in gleichem Gefäß etwa eine Woche. JANSSEN (1995) empfiehlt die Verfütterung innerhalb von 24 Stunden, da die Nauplien selbst bei verlangsamter Entwicklung bei 4°C im Kühlschrank nach 48 Stunden das Stadium Instar 3 bzw. Instar 4 erreicht haben und ihr Nährwert somit bereits deutlich abgenommen hat. Ich persönlich gebe die frisch geschlüpften Nauplien einfach in einen handelsüblichen Eiswürfelbeutel mit frischem Leitungswasser und friere sie sofort ein. Im Aquarium lösen sich einzelne Eiswürfel schnell auf und geben die aufgetauten Nauplien frei. Wer hingegen stets lebende Nauplien verfüttern möchte oder einen fortlaufenden Bedarf an *Artemia*-Salzkrebschen hat, kann mehrere Flaschen mit Kulturgeräten hintereinander anschließen. Die Luftabfuhr der jeweils vorigen Flasche wird mit dem Luftzufuhrschlauch der nächsten Flasche verbunden. Werden zu unterschiedlichen Zeitpunkten *Artemia*-Eier in die Flaschen gegeben, erreicht man eine kontinuierliche Versorgung seiner Fische mit Lebendfutter.

Das Kulturgerät passt auf handelsübliche Glasflaschen.

Aquabreed 200 / 1000

Das Modell Aquabreed 200 wird mit Saughaltern im Aquarium befestigt. Zum Erbrüten wird die Wärme des Aquarienwassers sowie die Beleuchtung des Aquariums ausgenutzt. Über den Anschluss am Bodentrichter wird das Gerät per Luftschlauch mit einer Luftpumpe verbunden. Zur Sauerstoffversorgung reicht eine schwache Belüftung aus, die ein Absetzen der Eier am Boden verhindert. Anschließend wird das Gerät mit Wasser, 7 Gramm *Artemia*-Salz und einer geringen Menge *Artemia*-Eiern gefüllt. Es sollten nur geschälte *Artemia*-Eier verwendet werden. In das Aquarienwasser gelangte, ungeschälte Eier können vor allem für sehr kleine Jungfische gefährlich werden und zu Darmverschlüssen führen (DOST 2004). Geschälte Eier können je nach Maulgröße der Fische auch direkt verfüttert werden, die Bebrütung erübrigt sich in diesem Fall. Im Aquabreed geschlüpfte Nauplien kann man außerhalb des Aquariums in größeren Gefäßen weiter aufziehen.

Das Modell Aquabreed 1000 fasst einen Liter Wasser und kann mit der stabileren Wandhalterung auch außerhalb des Aquariums befestigt werden. Zum Bebrüten der Zysten benutzt man 35 g Salz. Als praktisch zur Entnahme der *Artemia*-Nauplien erweist sich der unter dem Bodentrichter befindliche Absperrhahn.

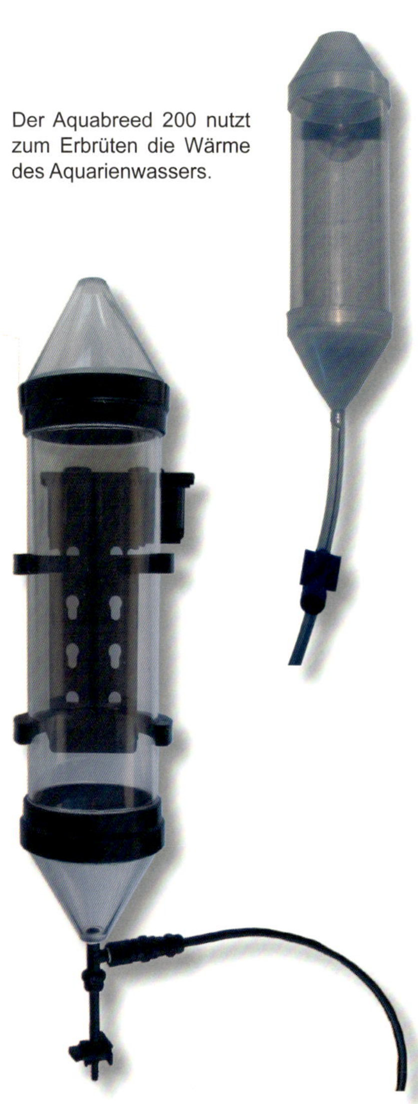

Der Aquabreed 200 nutzt zum Erbrüten die Wärme des Aquarienwassers.

Der Aquabreed 1000 kann auch außerhalb des Aquariums eingesetzt werden.

Der Nauplistar

Dieser Brutautomat wird mit einem Sauger innerhalb des Aquariums befestigt und mit einer Luftpumpe verbunden. Die Höhe ist so zu justieren, dass der Wasserpegel genau bis zur angebrachten Markierung reicht. Der Nauplistar kann zum ständigen Ausbrüten von *Artemia*-Eiern genutzt werden. Das Salzwasser, in dem die *Artemia*-Nauplien schlüpfen, mischt sich durch das unterschiedliche spezifische Gewicht nicht mit dem Aquarienwasser. Die geschlüpften Nauplien schwimmen vom Licht angezogen aus der Schlupfkammer durch den Übergangsbereich in der Sammelkammer direkt in das Aquarium. Den Brutautomat sollte man nicht in einem Bereich mit starker Strömung, zum Beispiel am Filterauslass, montieren. Sofern das Aufzuchtbecken mit Jungfischen für die Unterbringung des Nauplistars groß genug ist und die Fische in dem Aquarium, in dem er installiert wird, klein genug sind und Interesse an den winzigen Nauplien haben, ist der Nauplistar eine optimale Lösung.

Die leichteren Schalen der *Artemia*-Eier schwimmen im oberen Bereich der Sammelkammer, wo sie mit einer Pipette entnommen werden. In die Einfüllkammer können täglich neue *Artemia*-Eier gegeben werden.

Im Abstand von etwa 10 Tagen muss der Brutautomat aus dem Aquarium entnommern und gründlich gereingt werden, um eine optimale Wasserqualität für den *Artemia*-Schlupf der Krebschen sicherzustellen.

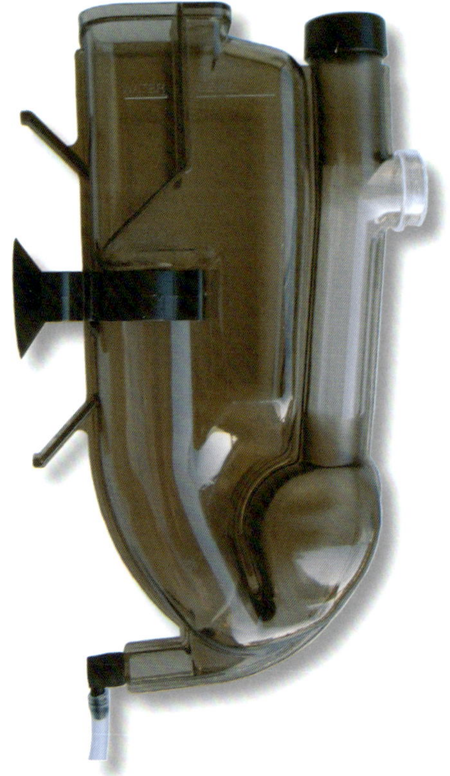

Der Nauplistar wird zum dauerhaften Einsatz im Aquarium installiert.

Der Inkubator

In der Praxis erweist sich beim Kulturgerät das Schrägstellen der Flasche als schwierig. Dieses Problem hat man beim Inkubator, dem professionellsten Aufzuchtsystem für *Artemia* mit den besten Schlupfergebnissen, nicht. Der Inkubator besteht aus einer konisch geformten Plastikflasche mit Ablassstopfen, einem Schraubverschluss mit Luftschlauch und einem Becher mit Bohrung. Zunächst stellt man die Inkubatorflasche auf den Flaschenboden und achtet darauf, dass der Stopfen unten auf dem Ablass sitzt. Nun füllt man – falls vorhanden mithilfe eines Trichters oder eines trichterförmig zusammengerollten Papiers – drei schwach gehäufte Teelöffel vorgefertigte Mischung aus Salz und Eiern (Artemix) oder drei schwach gehäufte Teelöffel jodfreies Salz oder *Artemia*-Salz mit einer Messerspitze *Artemia*-Eiern ein. Anschließend gibt man Leitungswasser bis zum Markierungsstrich der Flasche hinzu. Dann schließt man diese mit dem Schraubverschluss und führt den Luftschlauch durch die kleine Öffnung des mitgelieferten Bechers. Anschließend setzt man den Becher auf den Flaschenhals. Nun dreht man die Flasche um 180 Grad und stellt sie auf den Boden

Durch die spezielle Flaschenform werden Nauplien von den Eischalen und von ungeschlüpften Eiern getrennt.

des Bechers während man den Luftschlauch anhebt, damit kein Wasser entläuft. Danach öffnet man den Stopfen vom Ablass, damit die Luft später wieder austreten kann, und schließt den Luftschlauch an eine Luftpumpe. Diese sollte nach Möglichkeit höher positioniert werden als der Inkubator, damit beim Abschalten später kein Wasser in die Pumpe läuft. Die Luftzufuhr sollte so eingestellt werden, dass die *Artemia*-Eier kräftig durcheinander gewirbelt werden. Auf diese Weise sammeln sich keine *Artemia*-Eier am Grund, wo sie durch Sauerstoffmangel eingehen könnten. Zudem bedeutet mehr Sauerstoff eine höhere Schlupfrate; dies führt auch dazu, dass sich die bereits geschlüpften Nauplien schneller von den anhaftenden Eierschalen befreien können. Bei 24°C schlüpfen die Nauplien nach etwa 24 bis 36 Stunden, bei 20°C nach 30 bis 40 Stunden. Nach dem Schlüpfen der Nauplien schaltet man die Pumpe ab und verschließt den Ablass wieder mit dem Stopfen. Danach dreht man die Flasche um und schraubt den Verschluss ab. Nun muss die Inkubatorflasche etwa fünf Minuten schräg stehen, damit sich die ungeschlüpften Eier gegenüber dem Ablass absetzen können. Anschließend stellt man die Flasche gerade und zieht den Stopfen ab. Wenn der Inhalt in einen Behälter läuft, fließen nur Nauplien ab. Die Eischalen bleiben automatisch an den konisch geformten Innenwänden des Inkubators hängen. Durch dieses System werden die Nauplien also sowohl von den Eischalen als auch von den ungeschlüpften Eiern sauber getrennt. Eischalen, oder richtiger ausgedrückt Zystenhüllen, sind, wenn sie in größeren Mengen verschlungen werden, laut DOST (2004) vor allem für sehr kleine Jungfische gefährlich, da sie zu Darmverschlüssen führen können.

TIPP: Das Artemia Reference Center in Gent, zitiert bei JANSSEN (1995), empfiehlt, geschlüpfte Larven des Stadiums Instar 1 nach der Inkubation von freigesetzten Zuckern und anderen Verunreinigungen abzuspülen, bevor sie verfüttert oder in den Aufzuchtbehälter überführt werden.

Nach dem Abstellen der Luftzufuhr muss die Inkubatorflasche etwa 5 Minuten schräg stehen, damit sich die ungeschlüpften Eier absetzen können. Anschließend stellt man die Flasche gerade und zieht den Stopfen ab.

Läuft der Inhalt in einen Behälter, fließen nur Nauplien ab, die Eischalen bleiben automatisch an den konisch geformten Innenwänden des Inkubators hängen. Durch dieses System werden Nauplien sowohl von den Eischalen als auch von den ungeschlüpften Eiern sauber getrennt.

HÄLTERUNGS-SYSTEME

Indoor-Hälterung

Zur mehrwöchigen Entnahme oder kontinuierlichen Aufzucht gibt es im Handel ein Inkubator-Set, das neben dem beschriebenen Inkubator ein Sieb, *Artemia*-Eier, *Artemia*-Salz sowie ein Aufzuchtbecken mit Förderrohr zum Anschluss an eine Aquarienluftpumpe beinhaltet. Geschlüpfte Nauplien können in das etwa fünf Liter große Aufzuchtbecken umgesetzt werden, bis sie groß genug sind, um an größere Fische verfüttert zu werden. Je weniger Nauplien dabei ins Becken gesetzt werden, desto höher sind die Chancen, dass sie zu ausgewachsenen Tieren heranreifen. Die Entnahme erfolgt mit dem *Artemia*-Sieb, das einfach durch das Wasser gezogen wird. Da sich die Tiere gern in den Ecken der Behälter sammeln, eignet sich auch eine Pipette gut zum Absaugen. Um größere *Artemia*-Krebschen aufzusaugen, ohne sie zu verletzen, kann man die Gummikappe statt am Ende der Pipette einfach über die Spitze der Pipette stülpen. Die Öffnung an der anderen Seite ist nun groß genug zur Aufnahme großer Krebschen. Allerdings muss man darauf achten, dass die Spitze der Pipette die Gummikappe nicht durchsticht – sonst entweicht dort beim Zusammendrücken die Luft und die Sogwirkung bleibt aus.

Das Förderrohr des *Artemia*-Aufzuchtbeckens hält die Algen in der Schwebe und reichert das Wasser mit Sauerstoff an.

TIPP: Um *Artemia* erfolgreich aufzuziehen, sollte man nur eine sehr geringe Menge in einem Gefäß mit möglichst großer Oberfläche halten und nicht oder nur sehr schwach grobperlig durchlüften.

Wie in der Zierfischhaltung gilt auch bei der *Artemia*-Hälterung: je größer der Behälter, desto stabiler das System. Wer also kontinuierlichen Bedarf an großen *Artemia*-Exemplaren hat, kann *Artemia* im ausgedienten Aquarium halten. Dieses ist wegen seiner Größe interessant, nicht etwa, um es mit Bodengrund, Dekoration oder gar Pflanzen einzurichten. Im groben Bodengrund würden sich zu viele Abfallstoffe absetzen, die schwer entfernt werden können. Auch feinster Bodengrund, selbst absolut staubfreier, gewaschener Sand, wirkt beim Filtern des Wassers und beim Umsetzen der Krebse störend. Als praktisch haben sich bei vielen Aquarianern hingegen Tonscherben erwiesen. Dort können sich Algen ansiedeln, die Ausscheidungsprodukte der Krebschen umsetzen und zusätzlich als Futter dienen. Die Wasserbewegung, die der Anreicherung mit Sauerstoff dient und verhindert, dass sich Futterteilchen auf dem Boden absetzen, kann durch einen schwachen, grobperligen Ausströmer oder ein einfaches Förderrohr, das mit einer Aquarienluftpumpe betrieben wird, sichergestellt werden. Durch den Salzgehalt kommt es zu weniger starken Salzablagerungen an den Scheiben. Auch sollte der Wasserstand niedrig gehalten werden, damit Salz nicht im Umkreis des Beckens kristallisiert. Als Aufstellungsort bietet sich ein Heizungskeller an, der zugleich das Wasser temperiert hält. Durch die hohe Verdunstung muss das Becken jedoch regelmäßiger mit abgestandenem Leitungswasser aufgefüllt werden.

TIPP: Große Mengen verdunstetes Wasser nicht auf einen Schlag ersetzen. Oft verkraften *Artemia* die sprunghafte Veränderung der Salzkonzentration nicht. Besser jeden Tag ein bisschen auffüllen, bis der ursprüngliche Wasserstand erreicht ist.

Outdoor-Hälterung

Natürlich ist die Hälterung von *Artemia*-Krebsen auch im Freien möglich. In großen Schüsseln, Eimern, Kübeln oder größeren Behältnissen wie kleinen Kinderplanschbecken ist je nach Algenbildung nicht einmal mehr die Fütterung, geschweige denn ein Wasserwechsel notwendig. Je heller die Behälter, desto eher bilden sich Algen. In schwarzen Kübeln bietet sich sogar eine Schicht Aquarienkies als heller Bodengrund an.

KRIZ & WEISSENBACHER (1996) berichten von einem Aquarianer, der in seinem Garten mit geringem Aufwand und großem Erfolg eine Salinenkrebszucht in einer ausgedienten Badewanne betreibt. Die Saison beginnt, wenn die Nachttemperaturen nicht mehr unter 4°C fallen, die niedrigste Temperatur, bei der *Artemia* noch zum Schlupf angeregt werden. Die an einem sonnigen, ganztags unbeschatteten Platz aufgestellte Wanne wird zur Hälfte mit Wasser befüllt und aufgesalzen. Eine Markierung ist auch hier dienlich, um verdunstetes Wasser auffüllen zu können. Nach drei Tagen gibt man einen Teelöffel *Artemia*-Eier ins Wasser. Nach drei bis fünf Tagen schlüpfen die Nauplien. Laut diesem Bericht erfolgt die Fütterung mit ein bis zwei Gramm Trockenhefe, wobei es aber nicht zu einer milchigen Verfärbung des Wassers kommen darf. Nach etwa einem Monat sind die ersten Tiere ausgewachsen und haben sich bereits vermehrt. Wenn die Zahl der geschlüpften Nauplien täglich zunimmt, kann man mit dem regelmäßigen Aussieben beginnen. Bei einer eingespielten Zucht sollen sich zwischen April und November täglich 50 bis 100 Gramm *Artemia* entnehmen lassen. Falls sich kein Algenwachstum ergibt, muss man eine dicht besetzte Kultur täglich mit etwa 15 Gramm Trockenhefe füttern. Wöchentlich werden etwa 10 Liter Altwasser gegen frisches Salzwasser ersetzt, und verdunstetes Wasser wird aufgefüllt. Ergänzt man verdunstetes Wasser ab Anfang November nicht mehr, so produzieren die *Artemia* durch den steigenden Salzgehalt Dauereier. Ist die Wanne bei sinkenden Temperaturen trotz des Salzgehaltes zugefroren, so deckt man sie ab, um ein Überlaufen bei starken Niederschlägen zu vermeiden. Öffnet sich die Eisdecke im Frühjahr, beginnt mit den ersten Nauplien bald wieder ein neuer Zyklus.

Eine im Prinzip vergleichbare, allerdings wesentlich dekorativere Methode beschreibt SUTTNER (1994) mit der Haltung von *Artemia* im Salzteich. Sechs aus der Camargue in Frankreich mitgebrachte und bereits ausgewachsene *Artemia*-Salzkrebschen setzte der Autor in einen nahe am Haus geschützt liegenden Folienteich. Je 30 Liter Wasser wurde 1 kg jodfreies Salz aufgelöst. Da einheimische Pflanzen den hohen Salzgehalt nicht vertragen, wählte SUTTNER (1994) *Cryptocoryne pontederiifolia* und *Cryptocoryne ciliata*, die im Brackwasser beheimatet sind. Erst im Spätherbst wurden diese aufgrund der sinkenden Temperaturen im Aquarium untergebracht. Bei starker Sonneneinstrahlung lösten sich im Teich Fetzen von Blaualgen, die tagsüber an der Wasseroberfläche trieben und nachts wieder zu Boden sanken. Auch in den Heimatgewässern der *Artemia* bedecken Algen den Bodengrund und treiben in Fetzen an der Wasseroberfläche. Die *Artemia* vermehrten sich ohne weitere Fütterung explosionsartig. Ein Kescherzug reichte aus, um in den Sommermonaten täglich acht Aquarien des Autors mit Lebendnahrung zu versorgen. Bis zum Einsetzen des Winters im November wurde ohne weitere Zugabe von Salz lediglich verdunstetes Wasser aufgefüllt. Obwohl die Salzkonzentration durch Regenfälle im Winter und Frühjahr so verdünnt wurde, dass sich sogar schwarze Mückenlarven im Teich ansiedelten, tauchten im Mai wieder die ersten *Artemia*-Nauplien auf.

Artemia in der Aquaristik

Artemia als Fischfutter

Im Gegensatz zu Arten verwandter Gattungen sind *Artemia* sowohl für Naturfreunde, die sie beobachten möchten, als auch für Aquarianer, die sie verfüttern wollen, im Zoofachhandel leicht erhältlich. Als Fischfutter sind *Artemia* optimal. Die Ernährung von Jungfischen ist vor allem durch ihre Maulgröße bestimmt, die nur ein bestimmtes Nahrungsspektrum zulässt. Nach Pawlizki (1998) besitzen viele der Jungfische außerdem noch nicht genügend Verdauungsenzyme und sind daher auf die Enzyme ihrer Lebendnahrung angewiesen. Bei Mangel an Naturnahrung kommt es bei der Aufzucht der Fischbrut daher oft zu größeren Verlusten. Meyburg (1964) empfahl dem Aquarianer schon vor über vierzig Jahren *Artemia* als ideales Lebendfutter, das unabhängig von der Jahreszeit in kürzester Frist in beliebiger Menge zur Verfügung steht.

Artemia sind für Fische sehr energiereich, gut verdaulich und weniger wasserverunreinigend als Trockenfutterpartikel. Vor allem für sogenannte heikle Fresser bedeuten die sich sprungartig im Wasser bewegenden Nauplien einen starken Fressreiz. Für viele Aquarianer ist *Artemia* zur Aufzucht von Jungfischen deshalb geradezu unentbehrlich. Mit *Artemia* gefütterte Fische zeigen ein kräftiges Wachstum und eine satte Farbentwicklung. Im Gegensatz zu selbst gefangenen Wasserflöhen und Insektenlarven schleppen *Artemia* weder Fischparasiten (Trapp 1970) noch Schädlinge (Friedrich & Volland 1998) oder etwa Krankheiten (Meyburg 1964 / Kriz & Weissenbacher 1998) ins Wasser ein.

Ott (1999) weist auf die Möglichkeit hin, *Artemia*-Nauplien mit Bäckerhefe, pulverisierten Brennesselblättern und Grünalgen zu füttern und beschreibt seine eigenen positiven

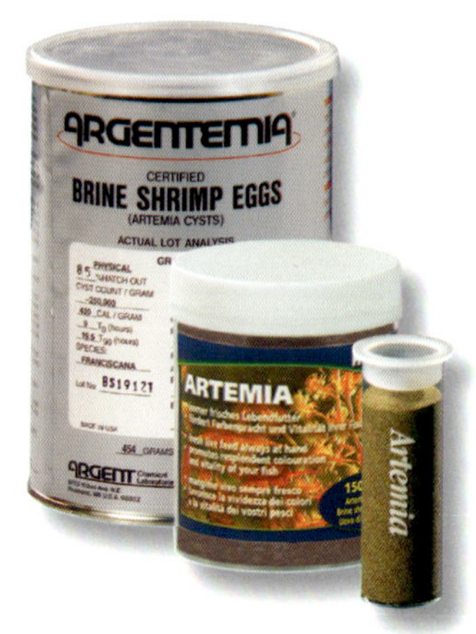

Im Handel gibt es verschiedene Gebindegrößen mit einem Volumen von wenigen Millilitern bis zu einem Liter (entspricht 454 g).

Erfahrungen bei der Verwendung der im Zoofachhandel erhältlichen Flüssigfutterpräparate. Er empfiehlt allerdings, *Artemia*-Nauplien nicht einfach frisch geschlüpft an Aquarienfische zu verfüttern, sondern sie entsprechend der in der kommerziellen Aquakultur gängigen Praxis vor dem Verfüttern zu boostern, das heißt, sie durch Fütterung hochenergetischer Futtermittel aufzuwerten. Vor allem rät er dies bei minderwertigen *Artemia* aus Kanada, Australien, China oder von den Philippinen. Van Stappen (schriftliche Mitteilung) merkt dazu an, dass Zysten aus Kanada, Australien und von den Philippinen höchstens in den achtziger Jahren eine Bedeutung auf dem Weltmarkt hatten. Zysten aus China und den ehemaligen Sowjetstaaten seien vor allem von niederer Qualität, weil der wissenschaftliche Hintergrund, was die Aufbereitung und die Lagerung betrifft, lückenhaft sei. Etablierte Zystenexporteure hätten jahrzehntelange Erfahrung, investierten in die Technik und hätten nachhaltigere Interessen als kurzfristige Gewinnrealisierung.

Während laut Ott (1999) etwa 450 Mikrometer große Nauplien der San Francisco Bay über acht Prozent Eicosapentaensäure und über 3,5 Prozent Dodecahexonsäure, also für Fische lebenswichtige, ungesättigte Fettsäuren enthalten, weisen etwa 500 Mikrometer große *Artemia* aus den oben aufgeführten Ländern nach seiner Ansicht weniger als ein Prozent oder gar keine der genannten Stoffe auf. Dost (2004) weist jedoch zu Recht darauf hin, dass Nauplien, sofern sie die gute amerikanische Qualität und den entsprechend höheren Nährwert haben, so frisch wie möglich verfüttert werden sollten. Die gleiche Empfehlung hatte bereits Meyburg (1964) gegeben. Mit jeder Stunde verlieren Nauplien mehr von ihrer nährstoffreichen Dottermasse, bevor sie nach acht Stunden und der ersten Häutung mit der Nahrungsaufnahme überhaupt beginnen. Boostern ist aber bei Nauplien, die älter als einen Tag sind, durchaus sinnvoll.

Eine größere Menge *Artemia* kann man wie oben beschrieben aus Dauereiern selbst schlüpfen lassen. Sicherlich ist der Kauf einer großen Dose auf die Eiermenge bezogen am günstigsten. Ist die vakuumverpackte Dose jedoch einmal angebrochen, so nimmt die Schlupfrate stetig ab. Sosna (2007) empfiehlt, nicht verbrauchte Eier einzufrieren, da sie sich auf diese Weise ohne Schlupfverlust und fast so gut wie vakuumverpackt aufbewahren lassen.

TIPP: Um die *Artemia* vor dem Verfüttern aufzufangen und mit Frischwasser abzuspülen oder um sie beim Umsetzen in ein Gefäß mit sauberem Salzwasser zu fangen, benötigt man als unerlässliches Hilfsmittel ein spezielles *Artemia*-Sieb aus dem Zoofachhandel. Zum optimalen Aussortieren ist auch eine *Artemia*-Sieb-Kombination mit vier verschiedenen Maschenweiten erhältlich.

Für Fische mit großen Mäulern kann man alternativ ausgewachsene *Artemia* in kleinen Beuteln im Zoofachhandel erwerben. Eine weitere Möglichkeit besteht darin, tiefgefrorene *Artemia* zu verfüttern. Dabei muss darauf geachtet werden, dass die Kühlkette nicht unterbrochen wird, da einmal aufgetaute Krebschen nicht wieder eingefroren werden sollten. Es besteht die Gefahr, dass sie verderben. Man muss also beim Transport sicherstellen, dass die *Artemia* unterwegs nicht auftauen, und darf zur Verfütterung immer nur so viel entnehmen, wie von den Fischen gefressen wird.

Für Jungfische mit kleinsten Mäulern ist die Verfütterung von entkapselten *Artemia*-Zysten eine Alternative. Unbehandelte Zysten werden in Salzlösungen mit Schlupfergebnissen von 80, 50 oder gar nur 15 % ausgebrütet. Die Lösung wird mit den leeren Eischalen, aber auch mit den noch ungeschlüpften Eiern einfach weggeschüttet. „Man muss sich einmal vor Augen führen, was das bedeutet“, schrieb DOHSE (1978) in seinem Artikel über die *Artemia*-Zystenenthüllung. Je nach Zystenqualität gibt es noch große Mengen von im Schlaf verharrenden oder unterentwickelten Embryonen, die für Zierfische ebenso nutzbar sein könnten, wenn sie nicht durch die Eischale ungenießbar wären. Schalenlose Eier hätten zwei Vorteile. Erstens würde das lästige Trennen der Nauplien von den Eischalen und den toten Eiern entfallen. Und zweitens würde sich die verfütterbare Menge enorm steigern, da alle Zysten, ob geschlüpft oder ungeschlüpft, als Futter brauchbar wären. Der gesamte Inhalt eines Brutbehälters könnte ohne Verluste vollständig verfüttert werden. Diese Ideallösung ist nach Dohse (1978) zuerst von Persoone und Sorgeloos an der Universität Gent verwirklicht worden, und zwar mithilfe von Natrium hypochlorosum, das in Drogerien unter der Bezeichnung Chlorbleiche erhältlich ist. Die Zysten werden durch die spezielle Lösung von ihrer äußeren Schale, vom unverdaulichen Chorion, befreit. Übrig bleiben die noch ungeschlüpften Nauplien in ihrer Eihaut. Verfolgt man das Entkapseln der Zysten unter dem Mikroskop, so stellt man fest, dass einige Eier schon nach zwei Minuten schalenfrei sind, der größere Teil erst nach vier Minuten. Für Dohse (1978) ein schlüssiger Beweis, dass es ähnlich wie bei Hühnereiern auch bei *Artemia*-Zystenschalen dünn- und dickschalige Eier gibt. Beim Bebrüten unbehandelter Zysten werden also viele Eier weggeschüttet, da einfach ihre Zeit noch nicht gekommen war. Je nach Bedarf kann der Aquarianer bei unbehandelten Dauereiern nach dem Absetzen und der Trennung der Nauplien die bisher ungeschlüpften Eier in einem zweiten Ansatz weitere Stunden bebrüten.

Versuche von Kohlmann & Jähnichen (1996) zeigten, dass in der Nutzfischzucht durch die Fütterung mit entkapselten Zysten fast die gleiche Wachstumsleistung erzielt werden kann wie durch die Fütterung mit frischen *Artemia*. In der Zierfischaquaristik hat sich diese Alternative bisher nicht durchgesetzt, obwohl sie weitere Vorteile aufweist. Ein erster Vorteil ist ihre geringe Größe von 200 bis 250 Mikrometern, während im Gegensatz dazu frisch geschlüpfte Nauplien eine Größe von 420 bis 480 Mikrometern aufweisen. Dohse (1978) gibt die Größe mit 170 bis 230 Mikrometern sogar noch kleiner an. Angesichts der Tatsache, dass die meisten Zierfisch-Nachzuchten durch die gegebene Maulgröße der Fische in ihrem Nahrungsspektrum zunächst auf Futter von 150 bis 250 Mikrometern Größe beschränkt sind, wären entkapselte Zysten also eine gute Alternative. Ein zweiter Vorteil ist, dass sich getrocknete entkapselte Zysten wie Trockenfutter handhaben lassen. Nicht nur, dass sie zuerst an der Oberfläche schwimmen und dann erst langsam absinken, sie eignen sich außerdem auch für Futterautomaten und können so über einen längeren Zeitraum kontinuierlich in kleinen Portionen verfüttert werden (Pawlizki 1998). Methoden zum recht aufwändigen Entkapseln finden Interessierte auf diversen Internetseiten.

Handel mit *Artemia*-Eiern

Um 1930 entdeckte man den Wert von *Artemia* für die Aufzucht von Nutzfischen und Speisegarnelen. Seit den fünfziger Jahren werden *Artemia*-Eier der San Francisco Bay und aus dem Salt Lake in Utah, dem bekanntesten Herkunftsgebiet, jährlich im Spätsommer im großen Stil geerntet. Ein Unterschied zwischen den Tieren dieser Fanggebiete ist, dass die Larven aus den *Artemia*-Eiern der San Francisco Bay mit durchschnittlich 428 Mikrometern etwas kleiner sind als die Nauplien aus dem Salt Lake mit durchschnittlich 486 Mikrometern (DOST 2004). So könnten aus 1 Gramm *Artemia*-Eier aus dem Salt Lake etwa 250.000 Nauplien schlüpfen, aus *Artemia*-Eiern der San Francisco Bay aber etwa 330.000.

Mit Schwimmsperren, wie man sie vom Eingrenzen von Ölteppichen nach Tankerunfällen kennt, werden Zystenteppiche, die man im See in Überflügen entdeckt hat, verdichtet und anschließend abgesaugt. An Land von Sand, Vogelfedern und anderen groben Verschmutzungen gereinigt sowie von leeren Eihülsen getrennt, werden die Eier in einem besonderen Verfahren aktiviert, das heißt schlupffähig gemacht. In Dosen vakuumverpackt werden dehydrierte *Artemia*-Zysten weltweit an Betriebe der Nutzfischzucht, über Importeure und Großhändler aber auch an die Zierfischzucht vertrieben. LINKE (2006) gibt den weltweiten Verbrauch von *Artemia*-Zysten mit 2.000 Tonnen pro Jahr an. Eine kommerzielle Fischfarm hat einen Bedarf von mehreren Dutzend Kilo *Artemia*-Nauplien pro Tag. *Artemia*-Zysten können problemlos längere Zeit gelagert werden. Die Schlupfquote sehr guter, frischer Qualität liegt bei über 90 %.

Einen großen Einbruch erlebte die amerikanische *Artemia*-Industrie Ende der 90er Jahre. „El Niño“ führte durch höhere Niederschlagsmengen, durch eine unverhältnismäßig starke Schneeschmelze sowie durch vergleichsweise hohe Temperaturen zu einer Aussüßung des Salt Lake. Die *Artemia* produzierten bis zu 85 % weniger Dauereier als in den Vorjahren. Da zur Arterhaltung mindestens 5-20 % der sonst produzierten Dauereier zur Bestandssicherung im See verbleiben müssen, verhängte die zuständige amerikanische Behörde ein Fangverbot (SCHÄFER 1998). Mehrere Jahre stiegen die Preise von *Artemia*-Produkten drastisch an. Doch selbst in dieser Zeit konnten sich aus Russland und China importierte *Artemia*-Eier mit ihren geringen Schlupfraten nicht auf dem Markt etablieren.

Mit Schwimmsperren, wie man sie vom Eingrenzen von Ölteppichen nach Tankerunfällen kennt, werden Zystenteppiche verdichtet.

Motorboote schieben Plattformen mit Aufbewahrungsbehältern vor sich her, in die von der Oberfläche abgesaugte *Artemia*-Eier gepumpt werden.

In Big Bags gefüllt werden *Artemia*-Eier abtransportiert. Nach der Reinigung werden die Eier in einem besonderen Verfahren aktiviert, das heißt schlupffähig gemacht.

In Dosen vakuumverpackt werden dehydrierte *Artemia*-Zysten weltweit an Betriebe der Nutzfischzucht, über Importeure und Großhändler aber auch an die Zierfischzucht vertrieben.

Artemia en gros

Weder die Aufzucht noch die Fütterung von *Artemia*-Krebschen stellt heute ein Problem in der Aquaristik dar. Zum großen Teil haben wir dies HANS DOHSE zu verdanken, der von sich selbst schrieb, dass ihn seine Umwelt zuweilen als artemiabesessen bezeichnete (DATZ, 1970). Neben vielen Publikationen, die andere Aquarianer anregten, sich intensiver mit der Spezies *Artemia* auseinander zu setzen, gelang ihm die industrielle Fertigung von Aufzuchtfutter für *Artemia*. An dieser Stelle möchte ich ihn gerne selbst noch einmal zu Wort kommen lassen:

... „Meine erste Begegnung mit Artemia salina hatte ich im Studierzimmer meines Großvaters. Er war Professor für Biologie und sein Schreibtisch war für mich voller Wunder. Heute weiß ich, dass ich mich dort vor über 60 Jahren aquaristisch infiziert hatte. Aus der Infektion wurde ein Hobby, das dann später kommerziell entartete. ... In einem Exsikkator, den mein Großvater anscheinend dafür zweckentfremdet hatte, betrieb er eine Zucht von Salinenkrebschen. Im Winter sah es innerhalb dieses Behälters ausgesprochen trostlos aus. Auf dem Boden war verkrusteter, bräunlicher Dreck, durchsetzt mit Salzkristallen. Alles schien Staub und Schmutz zu sein. Wenn man allerdings genau hinguckte, sah man an der Wand braune, kleine Kügelchen. Und dann geschah das Wunder: Ein paar Tage, nachdem der Exsikkator mit ganz gewöhnlichem Leitungswasser gefüllt worden war, erwachten die scheintoten Kügelchen zu regem Leben. Aus ihnen schlüpften Nauplien. Ein Teil wuchs im Sommer zu geschlechtsreifen Tieren heran, die sich später paarten. Oft konnte man bis zu vier Männchen, ein Weibchen umklammernd, harmonisch durch das Wasser schwimmen sehen. Danach ist Gruppensex gar nicht so etwas Neues. Die Weibchen bekamen laufend lebende Junge und es gab den ganzen Sommer über Artemien in allen Stadien der Entwicklung. Während der Vegetationszeit wurde laufend verdunstetes Wasser nachgefüllt, im Herbst nicht mehr. Damit trocknete die Kultur langsam ein und die dann abgelegten Dauereier sicherten den Fortbestand der Zucht von Jahr zu Jahr. ... Welches Futter die Salinenkrebschen erhielten, habe ich nie erfahren. Dies bleibt das Geheimnis meines Großvaters, das er mit ins Grab nahm. Hätte ich ihn damals danach gefragt, wäre mir vielleicht manches Herumprobieren erspart geblieben. So musste also erst einmal für die geplante Artemia-Massenproduktion das richtige Futter gesucht werden. In der einschlägigen Literatur fand ich Hinweise. Nicht zu fassen, was da nicht schon alles durch den Mixer gejagt oder

sonst wie atomisiert wurde. ... Ich sah die Lösung in der Beschaffung von gespeicherter Sonnenenergie in Form von Photoplankton und dessen Verbreitung zu einem Aufzuchtfutter für Artemien. Dies gelang nach vielen Fehlschlägen, deren Ursache in der Schwierigkeit bestand, bei der Aufbereitung zu Mikrozellen zu gelangen, deren Teilchengröße nur einige tausendstel Millimeter groß sein durften. ... Seit vielen Monaten läuft nunmehr eine vielseitige Zuchtanlage, in der Millionen Artemien „hergestellt" werden und die vielleicht einmal beschrieben werden sollte. Gefüttert wird ausschließlich mit Mikrozell. Mein Traum ging in Erfüllung. ... Sicher hätte mein biologischer Großpapa Freude an meinem „Salzsee" gehabt. ..."

Artemia en gros – Ein Beitrag zur Aufzucht und Vermehrung von *Artemia salina* von HANS DOHSE, in: DATZ 11/1970, 23. Jg., S. 348-350

TIPP: Möchte man die Krebshaltung vorübergehend einstellen, sollte man den Inhalt des Gefäßes nicht einfach wegschütten, sondern so lange stehen lassen, bis das Wasser verdunstet und das Becken komplett ausgetrocknet ist. Abgelegte Dauerzysten und selbst eingetrocknete Algen können selbst nach einigen Jahren durch einen einfachen Wasseraufguss wiederbelebt werden.

HANS DOHSE hat sein Hobby zum Beruf gemacht: Aus dem 1949 gegründeten Einzelhandel „Aquarium am Kreuzberg" ist ein Unternehmen entstanden, das heute, in der dritten Generation geführt, dem Aquarianer nicht nur im Bereich *Artemia* professionelle Problemlösungen bietet.

PROBLEME BEI DER AUFZUCHT

Frühsterblichkeit

Bei der Aufzucht können schlechter Schlupf, Absterben der Nauplien und der Artemien dem Aquarianer die Freude verderben.
Schlechter Schlupf kann verschiedene Ursachen haben. Höchste Qualität und beste Schlupfraten haben immer noch die *Artemia*-Zysten aus den USA. Die bekanntesten Fanggebiete sind dort der Salt Lake oder die San Francisco Bay. Zysten aus Kanada, Australien, China oder von den Philippinen sind von deutlich minderer Qualität (Ott 1999) und weisen zudem schlechtere Schlupfraten auf. Mit zunehmendem Alter nimmt aber auch die Schlupfrate hochwertiger Eier ab. Pro Jahr der Lagerung kann man von 10 % schlechterem Schlupf ausgehen. Ebenso nimmt die Schlupfrate deutlich ab, wenn die Eier bei zu hohen Temperaturen gelagert wurden. Am längsten halten sich die Eier vakuumverpackt oder tiefgefroren. Erwähnenswert sind die *Artemia*-Eier der Marke HOBBY, die ausschließlich aus den bekannten Fanggebieten der USA stammen und auf die eine Schlupfgarantie gegeben wird. Ein weiterer Grund für schlechten Schlupf kann das verwendete Salz sein. Es darf kein Jod enthalten. Meersalz eignet sich gut.

TIPP: Am besten ist das spezielle *Artemia*-Salz, da es genau der Zusammensetzung der Salzseen entspricht und bereits mit Spuren von Plankton angereichert wurde.

Das Sterben der Nauplien und Artemien hängt meistens mit zu viel Futter oder auch einer zu hohen Anzahl von Tieren zusammen. Sterben Nauplien kurz nach dem Schlupf, könnte dies auch auf die Bildung von Bakterien und auf Verpilzung zurückzuführen sein. In diesem Fall sollte man die Nauplien vor Keimen schützen, indem man die Salzkonzentration eines neuen Zuchtansatzes auf 7 % verdoppelt. Nach zwei bis drei Wochen kann man die Konzentration durch Zugabe von Leitungswasser verringern, denn erwachsene *Artemia* sind wesentlich resistenter. Auch das Ausgangswasser ist von großer Bedeutung (Dohse 1972b). Frisches, mit Salz angereichertes Leitungswasser ist vor allem beim Umsetzen der Artemien gefährlich. Wasser muss abgekocht werden und mindestens zwei bis drei Tage abgestanden sein. Oft beinhaltet Leitungswasser Chlor, das die Stadtwerke zur Desinfektion einsetzen. Es verflüchtigt sich mit dem Abstehen, kann aber natürlich auch mit Wasseraufbereitungsmitteln aus der Aquaristik unschädlich gemacht werden. Wie bei Aquarien kommt es in *Artemia*-Gefäßen mit frischem Wasser zu sogenannten Nitritpiks. Hohe Nitrite sind für Wasserorganismen tödlich. Sie sind häufig in frischem Wasser anzutreffen, da sich die Bakterienpopulationen hier noch nicht im Gleichgewicht befinden – ein weiterer Grund, das Wasser stehen zu lassen. Genauso gut können auch Nitritentferner der Aquaristik eingesetzt werden. Alternativ kann man, vor allem dann, wenn man es eilig hat, statt Leitungswasser auch Regenwasser oder Quellwasser verwenden. Bachwasser ist noch besser geeignet, da sich hierin neben nützlichen Bakterien auch Nahrungspartikel befinden. Die Härte des Ausgangswassers spielt bei der *Artemia*-Aufzucht keine Rolle. Eine weitere Alternative ist die Verwendung von Flaschenwasser ohne Kohlensäure, von destilliertem Wasser oder Osmose-Wasser. Letzteres ist ein speziell für Aquarianer gefiltertes, von allen eventuellen Schadstoffen freies Wasser. Osmose-Anlagen gibt es im Zoofachhandel, viele Zoogeschäfte verkaufen Osmose-Wasser aber auch literweise zu einem günstigen Preis.

TIPP: Leitungswasser immer abkochen und mehrere Tage abstehen lassen. So wenig Tiere wie möglich halten und diese so wenig wie nötig füttern.

Hygiene

In Zusammenhang mit der hohen Sterblichkeit bzw. der kurzen Lebenserwartung der *Artemia*, die von einigen Aquarianern beklagt wird, ist Hygiene ein wichtiger Aspekt. Weniger von Bedeutung ist dieses Thema bei kleinen *Artemia*-Kulturen in proportional großen Behältern sowie Großbehältern, in denen sich von selbst ein Gleichgewicht von Besatz zu Futtermenge einstellt bzw. ein biologischer Kreislauf entsteht, bei dem Algen als Nährstoff das verbrauchen, was *Artemia* als Endprodukt ausscheiden.

Hygiene beginnt damit, dass Brutgefäße wie Inkubatoren oder Flaschen, die mit Kulturgeräten betrieben werden, ebenso wie Aufzuchtbehälter vor der Verwendung mit heißem Wasser abgespült werden (Dohse 1972a). In ihnen setzen sich mit der Zeit Bakterien ab, die den Artemien schaden können. Auch das zum Brutansatz oder zur Aufzucht verwendete Wasser sollte vor der Aufsalzung abgekocht werden. Grundsätzlich sollte nicht mit ungewaschenen Fingern in die Salzlösung gefasst werden. An ihnen können sich Bakterien befinden, die sich in der Lösung explosionsartig ausbreiten können. Aus dem gleichem Grund sollten Gegenstände, die zum Umrühren der Lösung benutzt werden, zuvor kurz unter fließendem Wasser abgespült werden.

Werden Tausende Nauplien oder Artemien in relativ kleinem Lebensraum gehalten, spielt der anfallende Schmutz eine bedeutende Rolle (Dohse 1971). Es handelt sich dabei vor allem um Exkremente, abgestreifte Häute, abgestorbene Tiere und Futterreste.

Schon in den ersten Tagen produzieren *Artemia*-Nauplien ein Vielfaches ihres Eigengewichtes an Exkrementen. Diese erkennt man bereits unter dem Vergrößerungsglas als große Zahl kleiner grüner Röllchen. Diese zylindrischen Körper sind mit einer Chitinmembran umschlossen (Reeve 1963). Würde diese den Kot nicht zusammenhalten, würden sich kleinste Kotpartikel bei der nicht selektiven Nahrungsaufnahme der Artemien laufend mit Nahrungspartikeln vermischen und letztendlich zumindest das Wachstum der Tiere verzögern.

Auch die abgestreiften Häute ergeben eine große Menge Abfallstoffe. Berücksichtigt man, dass sich nach Hentschel (1968) Nauplien bis zum adulten Stadium 18 Mal häuten, fallen pro 1.000 Nauplien folglich 18.000 Häutchen an.

Besonders belastend sind abgestorbene Tiere. Das Absterben ist naturbedingt und auch bei vielen Insekten bekannt, bei denen manche Entwicklungsstadien kritischer verlaufen als andere. Nach Provasoli & Shiraishi, von Dohse (1971) zitiert, durchlaufen Artemien bei ihrer Entwicklung zwei kritische Phasen. Die erste liegt beim Übergang der Meta-Nauplien von 1,5 mm zu 2 mm Größe, die zweite beim Übergang von 3,5 mm auf 5-7 mm.

Wie bereits erwähnt, ist die Überfütterung und das damit verbundene Umkippen des Wassers ein großes Problem. Welche Menge Liquizell oder Mikrozell pro Volumen Wasser hierzu führt, lässt sich nicht angeben, da die Menge vorhandener Nauplien sich von Zuchtgefäß zu Zuchtgefäß unterscheidet. So nützt es auch nichts zu wissen, dass nach Khmeleva (1967), zitiert von Dohse

(1978), ein *Artemia*-Krebs in 130-133 Tagen 24 mg Trockengewicht Futter mit einem Kalorienwert von 5 cl/mg aufnimmt. Es muss in kleinen Rationen gefüttert werden. Man dosiert Liquizell oder Mikrozell, bis eine leichte Grünfärbung des Wassers auftritt. Nachgefüttert werden darf erst, wenn das Wasser wieder ganz klar ist. Alles, was in 5-6 Stunden nicht gefressen wird, führt unwiderruflich zu einem Verderben des Wassers (DOHSE 1973).

Größere Mengen all dieser Abfallstoffe auf kleinem Raum führen bald zu lebensfeindlichen Sauerstoffzehrungen. Nach BERTALANFFY & KRYWIENCZYK, zitiert von DOHSE (1971), verbraucht eine Nauplie von 1/3 mm Länge 0,01 cm^3 Sauerstoff pro Stunde, eine Artemie von 10 mm Länge mit 10 cm^3 aber bereits das Tausendfache. Die Frage, ob Abfallstoffe so wie in großflächigen Anlagen auch in relativ kleinen, stark besetzten Gefäßen belassen werden können, ist also eine rein rhetorische (DOHSE 1971).

Für den Aquarianer gibt es nun zwei Möglichkeiten: Entweder man verwendet das vorhandene Wasser weiter, nachdem es durch ein Kaffeesieb gefiltert wurde. Dies hilft allerdings nicht bei Überfütterung, da kleinste Nahrungspartikel sich so nicht ausfiltern lassen. Oder die Nauplien bzw. Artemien werden in einen zweiten Behälter umgesetzt. Beim Umsetzen muss aber unbedingt abgekochtes Wasser verwendet werden, das bereits mehrere Tage abgestanden ist. Wichtig ist, dass die Salzkonzentration dem Altwasser gegenüber nicht zu hoch ist. Wenn der Wechsel zu abrupt erfolgt, können *Artemia* durch Osmosedruck sterben.

TIPP: Zur Entnahme eine Ecke des Behälters mit einer Taschen- oder Schreibtischlampe seitlich anstrahlen. Vom Licht angezogen sammeln sich die Artemien und können leicht mit einer Pipette abgesaugt oder mit einem Luftschlauch in ein *Artemia*-Sieb gespült werden.

HILFREICHE ADRESSEN

Firmen und Institute

Argent Laboratories
8702 152nd Avenue N.E.
Redmond, Washington 98052 USA
Tel.: 001-425-885-3777
Fax: 001-425-885-2112
www.argent-labs.com
email@argent-labs.com

Dohse Aquaristik KG
Otto-Hahn-Str. 9
53501 Gelsdorf
Tel.: 02225-9415-0
Fax: 02225-946494
www.dohse-aquaristik.de
info@dohse-aquaristik.de

Laboratory of Aquaculture & Artemia Reference Center
Ghent University
Rozier 44
B-9000 Gent, Belgium
Tel.: 0032-9-264 37 62 / 264 37 54
Fax: 0032-9-264 41 93
www.UGent.be/aquaculture
artemia@UGent.be

Internet

Folgende nicht-kommerzielle Internetseiten bieten interessante Informationen rund um das Thema *Artemia*-Krebse:

http://artemia.x2.nu/
http://rhusmann.de/aqua/artemia.htm
http://archiv.korallenriff.de/artemia_salina.html
http://de.wikipedia.org/wiki/Artemia_salina
http://www.koenigstigers-urzeitkrebse.de/artemia_salina.htm
http://www.urzeitkrebse.at/
http://www.weichwasserfische.de/Artemia.htm
http://www.wirbellose.de/
http://www.ypsfanpage.de/gimmicks/krebse.php

Nauplie im Schirmstadium.

GLOSSAR

Abdomen: Hinterleib

Anabiose: Fähigkeit niederer Tiere und Pflanzen, unter ungünstigen Umweltbedingungen in scheinbar leblosem Zustand zu überdauern, um so den Fortbestand der Art zu sichern

Art: Einteilungsstufe der Systematik, der Gattung unter- und der Unterart übergeordnet, z.B. mit der Unterscheidung in *Artemia salina* und *Artemia franciscana*. Biologisch betrachtet eine Gruppe von Individuen, die in allen wesentlichen Merkmalen übereinstimmen und in freier Natur fruchtbare Nachkommen hervorbringen

Beta-Carotin: natürlicher Farbstoff, Vorstufe des Vitamin A und deshalb auch als Provitamin A bezeichnet

El Niño: vor allem in der Weihnachtszeit auftretendes Wetterphänomen, das Anfang der 1980er und Mitte der 1990er Jahre weltweit das Wetter besonders stark beeinflusste und Naturkatastrophen auslöste

Evolution: fortschreitender Entwicklungsprozess zur Anpassung von Lebewesen an ihre Umgebung

Familie: hierarchische Einteilungsstufe der Systematik, der Ordnung unter- und der Unterfamilie übergeordnet, beispielsweise mit der Unterscheidung in Artemiidae, Branchipodidae, Chirocephalidae und Streptocephalidae

Fettsäuren: für die Nahrungsaufnahme von Organismen unentbehrliche, wesentliche Bestandteile von Fetten

Gattung: hierarchische Einteilungsstufe der Systematik, der Familie unter- und der Art übergeordnet, beispielsweise mit der Gattung *Artemia* in der Familie *Artemiidae*

Hämoglobin: befindet sich in den roten Blutkörperchen und dient der Aufnahme, dem Transport und der Abgabe von Sauerstoff an die Atmungsorgane

Inkubation: Ausbrüten von Eiern unter kontrollierten Bedingungen

Klasse: hierarchische Einteilungsstufe der Systematik, dem Unterstamm unter- und der Ordnung übergeordnet, beispielsweise mit der Unterscheidung in Branchiopoda (Blattfußkrebse) und Malacostraca (Höhere Krebse)

Kohlehydrate: kohlenstoffhaltige Verbindungen, durch die Lebewesen bei der Verdauung Energie gewinnen

Nanoplankton: Kleinste Planktonpartikel

Nitrit: für Wasserorganismen giftige Salze der salpetrigen Säure

Ordnung: hierarchische Einteilungsstufe der Systematik, der Klasse unter- und der Familie übergeordnet, beispielsweise mit der Unterscheidung in Anostraca (Kiemenfüßer), Onychura (Krallenschwänze) und Notostraca (Kieferfüßer)

Osmose: die in eine Richtung verlaufende Diffusion von kleinen Molekülen aus Lösungen unterschiedlicher Konzentration, die durch eine halbdurchlässige Membran getrennt sind; Übergang des Lösungsmittels einer Lösung in eine schwächer konzentrierte Lösung durch eine feinporige Scheidewand

Parthenogenese: die eingeschlechtliche Art der Fortpflanzung, bei der ausschließlich weibliche Nachkommen aus unbefruchteten Eiern der Mutter entstehen

pH-Wert: Messzahl für den sauren oder basischen Charakter einer Lösung. Entscheidend für eine Vielzahl chemischer und biochemischer Vorgänge

Plankton: im Wasser treibende und schwebende Organismen, die in pflanzliches Phytoplankton und tierisches Zooplankton unterschieden werden

Stamm: hierarchische Einteilungsstufe der Systematik, dem Überstamm unter- und dem Unterstamm übergeordnet, beispielsweise mit der Unterscheidung in Arthropoda (Gliederfüßer) und Onychophara (Stummelfüßer)

Systematik: Einteilung des Tierreiches nach natürlichen Verwandtschaftsverhältnissen und daraus resultierende Namensgebung

Thorax: der zwischen dem Kopf und Hinterleib liegende Brustbereich

Umkippen des Wassers: durch Sauerstoffmangel bedingtes Versagen der Fähigkeit eines biologischen Systems, Nährstoffe der Biomasse umzusetzen

Unterstamm: hierarchische Einteilungsstufe der Systematik, dem Stamm unter- und der Klasse übergeordnet, beispielsweise mit der Unterscheidung in Crustacea (Krebstiere) und Tracheata (Tracheentiere)

vivipar: lebend gebärend

LITERATUR-VERZEICHNIS

Folgende Publikationen wurden zur Erstellung des Buches verwendet oder werden dem interessierten Leser empfohlen:

ALBRECHT, Jörg & Rudolf HOFFMANN (1997): Mit dem Landrover quer durch Libyen – Wüstencamp und Sandsturm inklusive. ZEIT Magazin 26.09.1997. http://www.radek.com/libyen98/zeitmag.htm

BENESCH, Reinhold (1969): Zur Ontologie und Morphologie von *Artemia* salina. In: Zoologische Jahrbücher, Band 86: 307-458 S.

BERTALANFFY, L.v. & Janina KRYWIENCZYK (ohne Jahresangabe): The Surface Rule in Crustaceans. Department of Biology, Faculty of Medicine, University of Ottawa, Canada

DOHSE, Hans (1970): *Artemia* en gros. Ein Beitrag zur Aufzucht und Vermehrung von Artemia salina. DATZ 11/1970, 23. Jg., 348-350 S.

- (1971): Das Artemium. In: DATZ 12/1971, 24. Jg., 413-415 S.

- (1972a): Das Artemium II. In: DATZ 1/1972, 25. Jg., 34-36 S.

- (1972b): Das Artemium III. In: DATZ 2/1972, 25. Jg. 61-63 S.

- (1973): Artemien automatisch. In: DATZ 2/1973, 26. Jg., 68-70 S.

- (1978): *Artemia*-Zystenenthüllung. In: DATZ 9/1978, 31. Jg., 320-323 S.

DOST, Uwe (2004): Salzwasserkrebschen der Gattung *Artemia*. In: Aquaristik aktuell, Sonderheft 2004, 70-74 S.

FRIEDRICH, Ursula & Werner VOLLAND (1998): Futtertierzucht – Lebendfutter für Vivarientiere. 3. überarbeitete Auflage. Eugen Ulmer Verlag, Stuttgart 1998

HENTSCHEL, E. (1968): Die postembryonalen Entwicklungsstadien von *Artemia salina* bei verschiedenen Temperaturen. In: Zoolog. Anz. 185 (5/6), 472-483 S.

HINTON, H. E. (1954): XXVIII - Resistance of the dry eggs of *Artemia salina* (L.) to high temperatures. In: The Annals and Magazine of Natural History 7, 158-160 S.

JANSSEN, Rob (1995): *Artemia salina*. In: DATZ 1/1995, 48. Jg., 56-59 S.

KHMELEVA, N. N. (1967): Transforma tsiya energii u *Artemia salina* Dklakad Nauk SSR. 175 (4)

KOHLMANN, Klaus & Horst JÄHNICHEN (1996): Entkapselte *Artemia*-Eier als Starterfutter für Fischbrut. In: Fischer & Teichwirt 9, 354-356 S.

KRIZ, Johann & Anton WEISSENBACHER (1996): Salinenkrebse aus der Badewanne. In: DATZ 7/96, 49. Jg., 464-465 S.

LINKE, Horst (2006): Mitten unter uns - *Artemia* in Deutschland. In: ZZA 5/2006, 66-67 S.

MEYBURG, G. (1964): Aquarienfische richtig gefüttert II. In: DATZ 12/1964, 17. Jg., 381-382 S.

OTT, Gerhard (1999): *Artemia*-Nauplien boostern. DATZ Praxis. In: DATZ 9/99, 52. Jg., 8 S.

PAWLIZKI, Reik (1998): Entkapselte *Artemia*-Zysten als Aufzuchtfutter. In: DATZ 12/98, 51. Jg., 91-92 S.

Persoone, G. & P. Sorgeloos (1980): General aspects of the ecology and biogeography of *Artemia*. In: Persoone, G., Sorgeloos, P., Roels, O. & E. Jaspers (eds.), The Brine Shrimp *Artemia*, Vol. 3, Universa Press, Wetteren, Belgium, 3-24 pp.

Provasoli, Luigi & Kagehide Shiraishi (ohne Jahresangabe): Axenic cultivation of the Brine Shrimp *Artemia salina*. Haskins Laboratories, New York 17, N.Y. and Dept. of Fisheries, Fac. of Agriculture, Tohoku University, Sendai, Japan

Reeve, M. R. (1963): Faecal pellets and their associated membranes. In: *Artemia*. Jour. Exptl. Biol. 40 (1) 1963

Schäfer, Claus (1998): Die *Artemia*-Krise. DATZ Praxis. In: DATZ 11/98, 51. Jg., 93 S.

Schwarz, Gerhard & Martina Hayo (1996): *Artemia*. Der Urzeitkrebs – mehr als nur Fischfutter. M+S Verlag, Remagen 1996

Skoultchi, A. I. & H. J. Morowitz (1964): Information storage and survival of biological systems at temperatures near absolute zero. In: Yale Journal of Biology and Medicine 37, 158-163 pp.

Sosna, Ernst (2007): *Artemia* für die Aquaristik. In: Aquaristik Aktuelle Süßwasserpraxis 1/2007, 15. Jg., 54-59 S.

Suttner, Rudolf (1994): Mein Salzteich. *Artemia salina* aus dem Gartenteich. In: DATZ 3/94, 47. Jg., 192-193 S.

Trapp, Friedrich (1970): Die Aufzucht von Salinenkrebschen ist lohnend. In: DATZ 1/1970, 22. Jg., 25-27 S.

Triantaphyllidis, G. V., Abatzopoulus, T. J. & P. Sorgeloos (1998): Review of the biogeography of the genus *Artemia* (Crustacea, Anostraca). In: Journal of Biogeography 25, 213-226 pp.

Vanhaecke, P., Tackaert, W. & P. Sorgeloos (1987): The biogeography of *Artemia*: an updated review. In: Sorgeloos, P., Bengtson, D. A., Decleir, W. & E. Jaspers (eds.), *Artemia* Research and its Appli cations, Vol. 1, Universa Press, Wetteren, Belgium, 129-155 pp.

Van Stappen, G. (2002): Chapter IV. Zoogeography. In: Artemia: basic and applied biology. In: Abatzopoulos, T.J., Beardmore, J.A., Clegg, J.S., Sorgeloos, P. (eds). Kluwer Academic Publishers, Dordrecht, the Netherlands, 286 pp.

Väth, Rudolf (1996): Überlebenskünstler in Binnen-Salzgewässern: *Artemia salina*. Praxis der Naturwissenschaften, Heft 8, 45. Jg., Aulis Verlag Deubner & CoKG, Köln 1996

Zur Strassen, Otto (1918): Brehms Tierleben – Niedere Tiere. Bibliographisches Institut, 4. Auflage, Leipzig-Wien 1918

STICHWORT-VERZEICHNIS

Diefettgedruckten Seitenzahlenver weisen auf Fotos.

BILDQUELLEN-NACHWEIS

Argent Laboratories, USA: S. 34, 44, 46, 47, 55
Dohse Aquaristik KG: S. 9, 14, 26, 28, 30, 33, 35, 36, 40, 42, 49, 54, 57
Drewes, Oliver: S. 31, 32
Laboratory of Aquaculture & Artemia Reference Center der Universität Ghent, Belgien: S. 16, 18, 20, 22, 39, 50

DANKSAGUNG

Großer Dank gilt den im Bildquellennachweis genannten Firmen und Personen für die freundliche Unterstützung mit Bildmaterial, allen voran Prof. Dr. Patrick Sorgeloos und Jean Dhont vom Laboratory of Aquaculture & Artemia Reference Center der Universität Ghent. Gilbert van Stappen von der gleichen Einrichtung danke ich für Hinweise zur Verbreitung von *Artemia* und die kritische Durchsicht meines Manuskriptes. Besonderer Dank gebührt meinem Arbeitskollegen Gerhard Schwarz für den Vorschlag, dieses Buch als Folge seines vielverkauften Buches „Artemia. Der Urzeitkrebs – mehr als nur Fischfutter“ zu schreiben.

DER AUTOR

Oliver Drewes, geboren 1970 in Haan, begeisterte sich schon im Grundschulalter für die Aufzucht von *Artemia*, die den YPS-Comics regelmäßig als Urzeitkrebschen beilagen. Seit 1999 arbeitet er in dem Traditionsunternehmen der Heimtierbranche, das seit Jahrzehnten als Spezialist für *Artemia*-Produkte gilt, und ist dort als Prokurist tätig. Oliver Drewes schrieb als Fachbuchautor bereits mehrere Bücher über die Haltung von Heimtieren.

Publikationen des VIVARIA Verlags:

Drewes, Oliver: 432 S., 505 Abb.

VIVARIA Verlag 2005, ISBN 3-9810412-0-8

KOMPAKTWISSEN ECHSEN porträtiert, großzügig mit über 500 Farbbildern ausgestattet, ausführlich über 100 Echsen auf über 400 Seiten. Ein unverzichtbares Nachschlagewerk für jeden Echsenliebhaber.

Drewes, Oliver: 96 S., 90 Abb.

VIVARIA Verlag 2006, ISBN 978-3-9810412-1-7

KOMPAKTWISSEN TAGGECKOS beschreibt auf 96 Seiten mit über 80 Farbfotos die beliebtesten Arten der Gattung Phelsuma. Für alle, die sich auch für andere Arten als *Phelsuma madagascariensis grandis* interessieren.

Laue, Esther: 96 S., 38 Abb.

VIVARIA Verlag 2007, ISBN 978-3-9810412-2-4

DIE CHINESISCHE BERGAGAME stellt auf 96 Seiten mit 38 Farbfotos als erste deutschsprachige Monographie die beliebte Art vor. Für herausragende Zuchterfolge, wurde die Autorin 2004 mit dem Alfred-A-Schmidt-Preis ausgezeichnet.

Freynik, Christian: 64 S., 32 Abb.

VIVARIA Verlag 2007, ISBN 978-3-9810412-4-8

DIE ZWERGBARTAGAME vermittelt auf 64 Seiten mit 32 hochwertigen Farbfotos Grundlagen der Haltung und Basiswissen über Klimaansprüche, Pflege und Ernährung der zunehmend beliebten Art. Ein unverzichtbares Buch für alle Agamenliebhaber.